Anselm Grün

Was im Alltag gut tut

Ein einfach-leben-Buch

© Verlag Herder GmbH, Freiburg im Breisgau 2021
Alle Rechte vorbehalten
www.herder.de

Satz und Gestaltung: Designbüro Gestaltungssaal
Herstellung: GGP Media GmbH, Pößneck
Printed in Germany

ISBN Print 978-3-451-00869-6
ISBN E-Book 978-3-451-82143-1

Anselm Grün

Was im Alltag gut tut

Mehr als **30 Möglichkeiten**, die das Leben leichter machen

Herausgegeben von Rudolf Walter

HERDER

FREIBURG · BASEL · WIEN

Inhalt

Einleitung

═══

Am Ende eines Kurses, den ich in der Abtei halte, sagen die Teilnehmer oft: „Es war schön hier, und es hat uns gut getan. Aber wie können wir das, was wir hier erlebt haben, in den Alltag hinüberretten?" Andere erzählen von früheren Erfahrungen nach einem solchen Kurs: „Sobald ich nach Hause komme, hat mich in kurzer Zeit der Stress wieder im Griff. Die Kinder wollen ständig etwas von mir. Die Arbeit fordert mich ganz, und ich gerate schnell wieder in die alte Tretmühle. Es ist wie ein Hamsterrad. Ich möchte mich so gerne dauerhaft frei machen? Aber: Wie geht das?"

Meine Antworten gehen in zwei Richtungen. Zum einen ist mein Rat: „Versuchen Sie, sich nicht zu viel vorzunehmen. Denn wenn Sie sich zu viel vornehmen, wird nichts gelingen." Ich spreche auch gar nicht gerne von Vorsätzen. Jeder kennt das Sprichwort: „Der Weg zur Hölle ist mit guten Vorsätzen gepflastert." Ich spreche lieber von Übungen. Und da genügt es, sich für die nächsten paar Wochen eine einzige Übung vorzunehmen. Schon die verwandelt uns. Der Meditationslehrer Graf Dürckheim, bei dem ich Anfang der siebziger Jahre ein paarmal in seinem Zentrum in Todtmoos-Rütte war, erzählte gerne von einem großen Schweden, der mit seiner körperlichen Größe nicht gut zurechtkam. Er hatte keine Form und keine Mitte. Er war nicht bei sich selbst.

Bei ihm zerfloss alles. Graf Dürckheim gab diesem Mann die Aufgabe, sich jeden Tag kurz aufrecht hinzustellen und sich vorzustellen, dass er wie ein Baum steht: fest verwurzelt in der Erde und nach oben seine Krone entfaltend. Dieser Schwede beherzigte das – und machte diese Übung täglich. Und als er nach einem Jahr wieder nach Rütte kam, war er ganz und gar verwandelt. Er hatte zu sich gefunden, zu seiner Form, in seine Mitte.

In diesem Buch beschreibe ich solche Möglichkeiten, den Alltag allmählich zu verwandeln – und vor allem sich selbst im Alltag zu verwandeln. Verwandeln braucht Zeit, wir sehen das in der Natur: Ein Baum braucht Zeit, bis er sich verwurzelt und stark wird. Die Blume wächst langsam, entfaltet sich langsam. So geschieht auch die Verwandlung langsam. Die aufgezeigten Möglichkeiten sind daher kein schneller Trick, seinen Alltag zu bewältigen. Es sind Übungswege, die man gehen kann. Und nur indem man sie geht, wandelt sich etwas in uns. Aber nicht jede der vorgeschlagenen Möglichkeiten passt für jeden. Und nicht jede passt zu jeder Zeit. Spüren Sie also selber beim Lesen in sich hinein, ob Sie Lust haben zu dieser oder jener Möglichkeit. Und wählen Sie dann die, die Sie jetzt gerade am meisten anspricht, die in Ihnen Neugier weckt. Diese Möglichkeit können Sie dann ein paar Wochen lang üben, immer wieder, jeden Tag. Dann werden Sie sehen, was sich wandelt. Und später können Sie eine andere Möglichkeit aussuchen, die jetzt gerade „dran" ist.

Die zweite Antwort, die ich den Kursteilnehmern gebe: Suchen Sie sich ein Ritual aus, das Sie jeden Tag machen möchten. Rituale sind ein Weg, den Glauben konkret in den Alltag hineinzubringen. Viele jammern ja, dass der Glaube und ihr Leben auseinanderdriften, dass ihr Glaube das Leben im Alltag nicht wirklich prägt. Es hat aber wenig Sinn, sich einfach nur vorzunehmen, dass ich meinen Alltag aus dem Glauben heraus leben will, etwa dass ich mehr beten oder öfter meditieren möchte. Das ist zu abstrakt. Aber ein Ritual, das ich täglich vollziehe, hilft mir dabei, mich auf Gott hin auszurichten, es erinnert mich daran, dass ich vor Gott stehe. Und das Ritual strukturiert zudem den Tag. Es gibt ihm eine Form. Die Griechen sagen ja: Rituale schaffen eine heilige Zeit. Heilig ist das, was der Welt entzogen ist, worüber die Welt keine Macht hat. Die heilige Zeit, die mir das Ritual gönnt, gehört mir. Da habe ich das Gefühl: In diesem Augenblick lebe ich selber. Da werde ich nicht von den Erwartungen und Ansprüchen des Alltags bestimmt. Ich bin frei, ich bin bei mir, und ich bin in Beziehung zu Gott. Ich bin von ihm getragen.

Daher werde ich in diesem Buch zu den mehr als 30 Möglichkeiten, die wir üben können, um unseren Alltag leichter zu machen, auch jeweils Rituale beschreiben. Sie sollten die aber natürlich nicht alle auf einmal zu praktizieren versuchen. Auch da gilt: Suchen Sie sich eines aus und probieren Sie dieses Ritual ein paar Wochen. Dann können Sie selbst spüren, ob es für Sie passt, ob es Ihnen hilft, sich selbst und ihren Alltag zu verwandeln.

Alle diese Übungen haben eines gemeinsam: Ich reagiere damit aktiv auf meine Lebenssituation. Ich höre oft, wie Menschen sich darüber beklagen, dass ihr Leben so schwer ist. Es stimmt: Ihre Schwierigkeiten sind real. Man kann Probleme nicht wegdiskutieren oder verdrängen. Aber es liegt immer auch an uns, ob wir uns von den Problemen bestimmen lassen oder ob wir aktiv darauf reagieren. Wir sind nicht hilflos den Schwierigkeiten ausgeliefert, die das Leben mit sich bringt. Es gibt immer einen Freiraum, in dem wir selbst das Leben in die Hand nehmen und gestalten können. Wir können nicht alles ändern. Aber wenn wir einen konkreten Weg gehen, geben wir eine Antwort auf den Stress, der uns bedrängt, auf die Kraftlosigkeit, die wir manchmal spüren, auf die Probleme, die auf uns einstürzen. Solche konkreten Wege möchte ich gerne aufzeigen. Sie sollten dieses Buch also nicht so lesen, als ob Sie jetzt sofort ganz viel ändern müssten, oder sich auf andere Weise unter Druck setzen. Lesen Sie die verschiedenen Kapitel und trauen Sie dann Ihrem eigenen Gefühl. Dort, wo eine Übung oder ein Ritual etwas in Ihnen anspricht, wo sie Lust in Ihnen bewirkt und Neugier weckt, dort sollten Sie anfangen und einmal etwas ausprobieren. Ich wünsche Ihnen viel Freude und Kreativität beim Umsetzen der Übungen und bei allem Gottes Segen, der letztlich die Quelle aller Verwandlung ist.

Geh fröhlich in den Morgen:
Aller Anfang ist gut

———

Zwei Worte über den Anfang kommen mir in den Sinn: „Aller Anfang ist schwer." Und das Wort von Hermann Hesse: „Jedem Anfang wohnt ein Zauber inne." In der Spannung, die zwischen diesen beiden Worten liegt, erleben wir oft genug auch den Anfang des neuen Tages. Manche denken, sobald der Wecker klingelt: Ach, könnte ich doch liegen bleiben. Ich bin noch so müde. Und sie denken sofort an das, was heute auf sie zukommt. Dann erleben sie den kommenden Tag oft wie eine schwere Last, die sich auf sie legt. Dann ist der Anfang des Tages schwer.

Andere stehen sofort auf, wenn der Wecker schellt. Sie öffnen das Fenster und spüren die frische Luft des Morgens, die sie umweht. Manche breiten dann die Arme aus, um den neuen Morgen zu begrüßen. Sie können das Wort von Hermann Hesse bestätigen. Sie erleben den neuen Tag wie etwas Zauberhaftes. Sie spüren die Chance eines neuen Anfangs. Was gestern war, ist nicht so wichtig. Sie gehen mit neuem Vertrauen und neuer Kraft in den heutigen Tag. Sie freuen sich auf das, was auf sie zukommt. Sie spüren zugleich, dass sie nicht allein in diesen Tag gehen, sondern dass Gottes Segen sie begleitet.

Die Aufforderung „Geh fröhlich in den Morgen" ist leichter gesagt als getan. Ich kann mich ja nicht zur Freude zwingen. Ich kann nicht auf Kommando fröhlich sein. Aber ich bin doch frei zu entscheiden, wie ich mich heute zu meinem Leben stelle. Es liegt an mir selber, welche „Brille" ich aufsetze. Ich kann mit einer dunklen Brille in den Tag gehen, dann kommt mir alles schwer und düster vor. Ich sehe dann nur auf die Menge an Arbeit, die auf mich wartet, auf die Probleme im Beruf oder in der Familie, die mich bedrücken. Oder ich kann bewusst eine helle Brille aufsetzen. Dann sehe ich auf das, was Gott mir heute zutraut, was er mir für Aufgaben stellt. Aber ich bin zuversichtlich, weil ich nicht alles allein machen muss, sondern Gottes Gnade und sein Segen mich begleiten. Wenn ich mit dieser hellen Brille in den Tag hineingehe, dann wird sich auch meine Stimmung wandeln, dann werde ich von innen her fröhlicher.

Es gibt noch einen anderen Weg, um positiv gestimmt in den Tag zu gehen. Wir haben in uns immer zwei Pole und zwei Gefühle: Trauer und Fröhlichkeit, Schwere und Leichtigkeit, Angst und Vertrauen. Auch hier bin ich frei: Am Morgen, wenn ich aufwache, kann ich mich bewusst für die Fröhlichkeit entscheiden. Das bedeutet nicht, dass ich meine negativen Gefühle verdränge. Ich lasse sie zu. Aber ich spüre in mir auch die Freiheit, dass ich mich für die Freude entscheiden kann. Dann werde ich auch die Zeit des Aufstehens, des Waschens, des Anziehens und des Frühstückens genießen können: als Raum zum Atemholen, als Geschenk des Lebens.

Ritual // *Beginne den Tag mit einem Segen*

Wenn du aufgestanden bist, dann beginne den Tag mit der Segensgebärde: Stelle dich aufrecht hin und erhebe die Hände zum Segen. Stelle dir vor, dass der Segen Gottes zu den Mitgliedern deiner Familie strömt. Der Segen Gottes hüllt jeden ein wie mit einem schützenden Mantel. Dann kannst du dir vorstellen, dass der Segen Gottes dich heute in jeder Stunde und bei jedem Schritt begleitet. Dann kannst du ohne Angst in den Tag hineingehen. Du bist nicht allein. Gottes Segen begleitet dich bei allen Begegnungen und Gesprächen, in allen Konflikten, bei aller Arbeit. Das entlastet dich von deinen Sorgen. Und vielleicht kommt dann in dir von alleine Fröhlichkeit auf.

Anpacken, was ansteht:
„Nimm dein Bett und geh!"

=====

Es ist nicht nur am Anfang eines Tages so, wenn man nicht weiß, was alles auf einen zukommt. Auch nicht nur vor großen Entscheidungen, die man zu treffen hat. Ich erlebe viele Menschen, die sich schon bei kleinen Entscheidungen schwertun. Schon wenn sie morgens vor dem Kleiderschrank stehen, fangen sie an zu grübeln, was sie anziehen sollen und wie die anderen das wohl finden werden. Oder gar erst, wenn sie z. B. zu einem Geburtstag eingeladen sind. Da gehen sie nicht voller Freude hin, sondern grübeln zuerst: Was soll ich anziehen? Was werden wohl die anderen anziehen? Wird es leger sein oder eher feierlich? Was denken die anderen, wenn ich dieses Kleid oder diese Hose anziehe? Welches Geschenk soll ich mitbringen? Falle ich auf mit diesem Geschenk? Erwartet der andere überhaupt ein Geschenk? Und vor lauter Grübeln wird die Einladung zu einem Fest nicht ein Anlass zur Freude, sondern eher zur inneren Belastung.

In einer solchen Situation empfehle ich immer, sich das Wort Jesu vorzusagen, das er zu dem Gelähmten am Teich von Betesda gesprochen hat: „Steh auf, nimmt dein Bett und geh!" (Joh 5,8). Wir würden alle gerne aufstehen, wenn wir wüssten: Ich bin voller Selbstvertrauen. Ich habe Kraft. Ich weiß genau, was ich tun soll. Aber Jesus sagt dieses Wort zu dem Gelähmten, der ans Bett gefesselt ist. Mitten aus seiner Schwäche heraus soll er aufstehen. So bedeutet dieses Wort für mich: Ich lasse die Grübeleien los. Ich nehme sie gleichsam unter den Arm. Das Bett symbolisiert für mich die Zweifel und die vielen Überlegungen. Ich denke nicht weiter darüber nach. Ich nehme all die Unsicherheiten und Hemmungen unter den Arm und gehe einfach. Im Beispiel von oben: Ich ziehe einfach das an, was mir gerade in den Sinn kommt. Und ich denke nicht weiter darüber nach, was die anderen darüber denken und wie sie das finden. Oder ich wähle ganz bewusst etwas aus, von dem ich weiß, dass es mir steht, und das die Botschaft aussendet: Ich stehe zu mir. Und ich entschließe mich dazu: Heute trage ich bewusst ein Kleid, das mir selber gefällt und den ganzen Tag in ein positives Licht stellen wird.

Mir selber hat das Wort Jesu oft geholfen, wenn ich mir bei Kursen zu viele Gedanken mache: Welche Übung soll ich mit den Teilnehmern machen? Was finden die Teilnehmer besser, was passt jetzt in diese Einheit? Früher haben mich solche Überlegungen viel Energie gekostet. Heute gehe ich einfach in den Vortragssaal mit dem Wort Jesu „Steh auf, nimm dein Bett und geh!". Dann mache ich das, was mir gerade in den Sinn kommt. Und es ist dann immer gut. Die Leute merken meine Unsicherheit dann gar nicht. Sie meinen, das sei genau ausgedacht. Aber ich traue dann mehr dem spontanen Gefühl, das ich durch das Wort Jesu bestätige. Wenn der Verlag von mir ein neues Buch möchte, dann habe ich oft das Gefühl: Dazu fällt mir nichts ein. Die paar Gedanken, die mir da kommen, ergeben kein Buch. Ich spüre einen Widerstand, anzufangen. Dann sage ich mir auch das Wort: „Steh auf, nimm dein Bett und geh!" Und dann fange ich einfach an, und auf einmal fließt es. Das Wort Jesu hilft mir, den Widerstand in mir zu überwinden.

Dieses Wort Jesu kann in vielen anderen Situationen helfen. Oft zweifeln wir bei einer Arbeit, ob wir sie schaffen, ob wir die nötige Kraft haben oder ob wir die Lösung finden für dieses oder jenes Problem. Dann vergeuden manche viel Energie, um zu überlegen, ob sie sich an die Arbeit machen können oder ob sie zu schwer ist. In solchen Situationen kann das Wort Jesu helfen, einfach seine Überlegungen unter den Arm zu nehmen und zu tun, was gerade dran ist. Je mehr wir über die anstehende Aufgabe grübeln, desto weniger werden wir sie anpacken. Das Wort Jesu gibt uns Mut, aus uns herauszugehen und das zu wagen, was uns als Aufgabe gestellt ist. Nicht nur am Morgen eines Tages, aber da ganz besonders.

Ritual // *Eine Überlegung am Morgen*

Bevor du zum Frühstück gehst, überlege dir: Was kommt heute auf mich zu? Welche Arbeit steht an? Welche Probleme sind zu lösen? Welche Konflikte erwarten mich heute? Dann stell dir den Kranken in Johannes 5 vor. Er jammert, dass keiner für ihn Zeit hat, dass keiner ihn versteht, dass er alleingelassen ist, dass er es so schwer hat. Alle anderen haben es leichter. Vielleicht möchtest du am liebsten auch so jammern, dass immer du die Probleme lösen musst, dass alle ständig Erwartungen an dich haben und du dich überlastet fühlst, ohnmächtig, alles zu schaffen. Und dann halte in diese Überlegungen, in dieses Klagen das Wort Jesu hinein: „Steh auf, nimm dein Bett und geh!" Wiederhole dieses Wort öfter und lass es immer tiefer in dein Herz fallen. Und halte das Wort Jesu in die verschiedenen Situationen, die dich heute erwartet und die dich belasten. Vielleicht gelingt es dir dann, leichter und mit mehr Kraft in den Tag zu gehen.

Mit allen Sinnen in den Tag – schmecke das Leben

━━━

Jeden Tag wartet das Leben auf mich. Jeder neue Tag ist eine Einladung, es auch wirklich wahrzunehmen. Wenn ich im Sommer nach dem Frühchor um 5.45 Uhr durch die Bachallee gehe, die zum Klausurbereich des Klosters gehört, dann nehme ich die Natur bewusst mit allen Sinnen wahr. Ich spüre die Frische des Morgens an meiner Haut. Ich rieche den Morgen. Der Morgen riecht anders als der Abend. Jede Tageszeit hat ihren eigenen Geruch, ihren eigenen Geschmack. Für mich ist das Riechen immer mit Erinnerungen verbunden. Wenn ich Heu rieche, spüre ich den ersten Ferienaufenthalt, den ich als Kind erlebt habe. Der Heugeruch erinnert mich an das Gefühl von Freiheit und Weite, das ich damals als Kind gehabt habe.

Und ich schaue. Ich schaue auf die Bäume, auf den Nebel, der aus den Feldern aufsteigt, ich schaue, wie die Sonne immer höher steigt am Horizont. Im Schauen beobachte ich nicht, sondern ich vergesse mich im Schauen. Ich bin ganz im Schauen. Die Griechen haben das Schauen mit der Gotteserfahrung verbunden. „Theos" („Gott") kommt von „theastai" („schauen"). Natürlich wussten die Griechen, dass ich Gott nicht direkt schauen kann. Aber indem ich mich im Schauen selbst vergesse, schaue ich das Geheimnis Gottes in allem, was ist. Evagrius Ponticus, der Mystiker unter den frühen Mönchen, spricht von „theoria physike". Er meint damit die Mystik der Natur. Ich schaue auf die Bäume und Blumen, auf die Landschaft – und schaue in allem Gottes Gegenwart. Ich schaue Gottes Schönheit, seine Zärtlichkeit, seine Kraft, seine Liebe, seine Lebendigkeit.

Wenn ich am Morgen durch die Bachallee gehe, bin ich auch ganz im Hören. Ich höre das Singen der Vögel und das leise Rauschen des Windes in den Blättern der Bäume. Und ich höre auf die Stille. Das Zwitschern der Vögel und das leise Rauschen des Baches stört die Stille nicht, sondern macht sie vielmehr hörbar. Das Hören ist ein transzendenter Sinn. Ich höre immer das Unhörbare mit. Pythagoras, ein griechischer Philosoph, hat schon im 5. Jahrhundert vor Christus die Sphärenklänge des Kosmos gehört. Er spricht von der Sphärenharmonie, die wir hören können, wenn wir ganz Ohr sind. Was Pythagoras schon wusste, das hat die moderne Physik neu entdeckt. Überall klingt es. Indem ich mit Hingabe höre, gehöre ich dem, was ich höre. Hören, so meint der Philosoph Martin Heidegger, führt in die Geborgenheit.

Wenn ich mit allen Sinnen den Weg durch unsere schöne Bachallee gehe, dann erlebe ich, wie mich dieses Gehen mit allen Sinnen erfrischt. Ich komme dann mit neuer Lebendigkeit, mit einem neuen inneren Geschmack am Leben zurück ins Kloster. Und ich kehre als innerlich Schauender zurück. Nach dem Spaziergang feiern wir in der Abtei gemeinsam

Eucharistie. Da bin ich dann immer noch im Schauen und Hören. Dann höre ich gerade im gregorianischen Choral das Unhörbare mit, in dem Gott selbst für mich hörbar wird. Und im Schauen auf die Hostie erkenne ich, dass die ganze Schöpfung von Christi Gegenwart durchdrungen ist.

Ritual // *Augen auf für Gottes Gegenwart*

Geh an einen Ort in der Natur, an dem du dich wohlfühlst. Mach zuerst die Augen zu und spüre in deinem Gesicht den Wind, wie er entweder sanft streichelt oder dich heftig umweht. Dann öffne die Augen und schaue dich einfach um. Beurteile nicht, was du siehst, sondern sei einfach nur im Schauen. Werde im Schauen eins mit dem, was du schaust. Und stell dir vor, dass du in allem, was du siehst, Gottes unsichtbaren Geist schaust, der alles geschaffen hat und der in allem ist. Und dann schließe die Augen wieder, um ganz im Riechen zu sein. Wie riecht das, was dir in die Nase kommt? Welche Gefühle kommen bei dir hoch, welche Erinnerungen an Erlebnisse in der Kindheit? Dann öffne die Augen wieder und bleib einige Augenblicke still stehen. Du stehst in der Natur, du stehst in der Gegenwart Gottes. Seine liebende Gegenwart berührt dich, wärmt dich, streichelt dich und gibt dir einen guten Geschmack.

Gute Vorsätze und wie sie umzusetzen sind

===

Ob Gesundheit, Ernährung, Zusammenleben oder sonstige Gewohnheiten: Nicht nur in der Fastenzeit machen viele sich Vorsätze. Sie wollen weniger essen. Sie nehmen sich vor, weniger über andere zu reden, sich vom Tratsch über andere fernzuhalten. Doch schon nach einigen Tagen haben sie den Eindruck, dass sie ihre Vorsätze nicht einhalten. Sie schreiben das dann ihrer mangelnden Disziplin oder ihrer Willensschwäche zu. Bei anderen alltäglichen Gewohnheiten ist es nicht viel anders. Wir machen uns gute Vorsätze – und nicht immer gelingt es uns, sie auf Dauer durchzuhalten. Das frustriert und verschlingt Kraft. Wie kann man das vermeiden?

Die Verhaltenspsychologie sagt: Ob ich einen Vorsatz ausführe oder nicht, ist nicht Sache der Willensstärke, sondern der Klugheit. Klugheit in Bezug auf meine Vorsätze bedeutet: mir zu überlegen, was ich wirklich verwirklichen kann und auch möchte. Es ist nicht klug, wenn ich mit meinen Vorsätzen nur mein schlechtes Gewissen beruhigen möchte. Es ist auch nicht klug, wenn ich mir zu abstrakte Vorsätze mache. Ich spreche daher auch nicht so gerne von Vorsätzen, sondern von einem Übungsprogramm. Das Übungsprogramm braucht ganz konkrete Übungen und Trainingseinheiten. Der Vorsatz, in der Fastenzeit weniger zu essen, ist so abstrakt, dass er scheitern muss. Ich kann mir aber eine konkrete Übung vornehmen, z. B. beim Abendessen nur ein Brot statt zwei zu essen oder nur Salat oder nur Obst zu essen. Das kann ich dann eine Woche lang üben. Wenn mir diese Übung gelingt, kann ich sie fortsetzen. Wenn sie aber nicht gelingt, dann sollte ich mich nicht selbst beschimpfen, nach dem Motto: Ich habe es schon wieder nicht geschafft. Selbstanklage erzeugt nur ein schlechtes Gewissen. Und das schlechte Gewissen ist keine Energiequelle, aus der ich schöpfen kann. Im Gegenteil, es raubt mir die Energie. Ich soll mir dann vielmehr eingestehen: Es hat nicht geklappt. Warum nicht? War der Vorsatz zu unrealistisch? Sollte ich ihn vorsichtiger formulieren? Oder war es die Unachtsamkeit? Was kann mir helfen, in der nächsten Woche achtsamer zu sein? Und vor allem: Wie können Ziele realistisch werden?

Was ich hier beschrieben habe, gilt für alle Vorsätze bzw. für alle Übungsprogramme. Jeder Sportler muss sein Übungsprogramm von Zeit zu Zeit anschauen, ob es ihn weiterbringt oder ob es nur zur Routine verkommt. Und er muss erkennen, ob es realistisch ist. Realistisch sind konkrete Ziele, bei denen ich kontrollieren kann, ob ich sie eingehalten habe oder nicht. Wenn ich sie nicht eingehalten habe, dann bedeutet das nicht, dass alles keinen Sinn hat. Vielmehr sollte ich mich dann selbst genauer anschauen und fragen: Was hilft mir, mein Programm durchzuführen? Sollte ich kleinere Ziele setzen? Oder brauche ich eine bessere Motivation? Oder kann mir ein Freund oder eine Freundin helfen, mit dem oder der ich mein Programm bespreche? Der hl. Benedikt rät ja seinen Mönchen, in der Fastenzeit schriftlich ein Programm zu entwerfen, das dann mit dem Abt oder dem geistlichen Begleiter besprochen wird. Wenn ein anderer um meine Bemühungen weiß, ist das auch ein zusätzlicher Impuls, meine Ziele zu erreichen. „Sozialkontrolle" ist zwar kein schönes Wort. Aber meine Ziele einem anderen vorzulegen und mit ihm die Erreichung bzw. Nichterreichung zu besprechen, ist auf jeden Fall eine Hilfe, dabeizubleiben.

Ritual // *Setz dir kluge Ziele*

Überlege dir, wie du den Tag gerne anfangen möchtest. Möchtest du meditieren oder ein Morgengebet sprechen oder einen Morgenspaziergang machen oder die Losung lesen und mit ihr in den Tag gehen? Dann überlege dir, was klug ist. Klug ist das, was in der Wirklichkeit angemessen ist, was realistisch ist und was ich gut durchführen kann. Klug ist auch das, was keine besondere Anstrengung erfordert. Wenn du am Morgen unbedingt früher aufstehen möchtest, das frühe Aufstehen aber zu viel Anstrengung kostet, dann ist es auch nicht klug. Überlege also, was für dich klug ist. Dann probiere das aus, was du dir vorgenommen hast. Nach einer Woche kannst du dann Rückschau halten. Beschimpfe dich aber nicht, wenn du den Vorsatz nicht eingehalten hast. Frage dich vielmehr, warum es nicht gelungen ist. Und dann überlege für die nächste Woche, was für dich eine klügere Möglichkeit wäre, den Tag zu beginnen.

Leben ist immer jetzt –
sei im Augenblick präsent

=====

Wenn wir uns genau beobachten, dann sind wir mit unseren Gedanken entweder in der Vergangenheit oder in der Zukunft. Wir grübeln darüber nach, ob wir uns in der Vergangenheit richtig verhalten haben, oder wir hängen alten Verletzungen nach, die in uns auftauchen. Oder aber wir kreisen um die Zukunft. Was bringt die Zukunft?

Oft genug tauchen dann Ängste vor der Zukunft auf. Was könnte alles geschehen? Gerade in Krisenzeiten denken viele – wie uns die Corona-Erfahrung gezeigt hat – daran, ob es in Zukunft immer wieder solche radikalen Einschnitte in unser Leben geben wird.

Wenn wir uns dabei ertappen, dass wir mit unseren Gedanken ständig um die Zukunft kreisen, dann ist es gut, uns gleichsam zurückzurufen: Was morgen, was nächstes Jahr, was in ferner Zukunft sein wird, das liegt nicht in meiner Hand. Daher lohnt es sich nicht, darüber nachzudenken. Ich lebe jetzt und stelle mich dem Augenblick. Wenn wir erkennen, dass wir immer noch an vergangenen Erlebnissen hängen – entweder an den Verletzungen oder auch an guten Erfahrungen, die wir mit anderen Menschen gemacht haben –, dann sollten wir das Denken an die Vergangenheit stoppen. Ich lebe jetzt in diesem Augenblick. Und ich versuche, jetzt ganz gegenwärtig zu sein, mich auf das einzulassen, was gerade für mich dran ist.

Ein Ort, an dem viele nicht im Augenblick sind, ist die Arbeit. Sie denken entweder an die schwere Arbeit, die sie in der Vergangenheit belastet hat. Oder aber sie denken an die Zukunft: Was könnte der Chef über meine Arbeit denken? Wie kommt meine Arbeit bei meinen Kollegen an? Mit solchen Gedanken bin ich unfähig, mich wirklich auf die Arbeit einzulassen. Ich denke ständig darüber nach, was andere über mich und meine Arbeit denken. Solche Gedanken hindern mich, mich wirklich auf die Arbeit einzulassen. Für den hl. Benedikt bedeutet Arbeit: Hingabe. Ich gebe mich der Arbeit hin. Ich lasse mich ganz auf diese Arbeit ein, ich gehe in ihr auf. Aber ich setze mich nicht unter Druck, mit meiner Arbeit bei anderen Eindruck zu machen. Ich bin frei, mich auf die Arbeit einzulassen. Dann bin ich ganz gegenwärtig. Und die Arbeit fällt mir in diesem Augenblick nicht schwer. Ich bin frei von mir selbst, von meinem Ego. Man merkt es Menschen an, ob sie sich auf die Arbeit einlassen und dabei ihr Ego loslassen – oder ob sie sich in der Arbeit ständig selbst darstellen und beweisen müssen. Dann geht von ihnen etwas Aggressives und Unruhiges aus. Und sie sind nicht wirklich im Augenblick. Sie sind immer bei der zukünftigen Beurteilung ihrer Arbeit.

Wenn wir ein Gespräch führen, dann gelingt es nur, wenn wir uns ganz darauf einlassen, wenn wir ganz und gar in der

Gegenwart sind. Der Gesprächspartner merkt, ob wir präsent sind oder abwesend, ob wir an Vergangenes oder Zukünftiges denken. Nur wenn wir ganz gegenwärtig sind, können wir dem anderen wirklich begegnen, dann kann die Begegnung uns verwandeln.

Heute ist es modern, von Achtsamkeit zu sprechen. Achtsamkeit ist die Kunst, ganz im Augenblick zu sein, sich auf diesen Augenblick einzulassen, auf diesen Menschen, mit dem ich gerade spreche, auf diesen Gedanken, der gerade hochkommt, auf diese Arbeit, die ich gerade verrichte. In Firmen gibt es viele Achtsamkeitsseminare. Natürlich halten die Firmen diese Seminare aus eigenem Interesse. Denn wenn die Mitarbeiter achtsam bei der Arbeit sind, kommt mehr dabei heraus. Und wer achtsam arbeitet, verbraucht weniger Energie. Es ist also auch ein Hilfsmittel gegen den Burnout.

Ritual // *Eins nach dem anderen*

Nimm dir vor der Arbeit ein paar Augenblicke Zeit. Stell dir vor: Ich muss jetzt gar nichts tun. Ich bin einfach ganz im Augenblick. Dieser Augenblick gehört mir. Ich lebe darin. Und wenn ich jetzt wieder an die Arbeit gehe, dann versuche ich auch, ganz im Augenblick zu sein, ganz in dem Gespräch, das ich gerade führe, ganz im Schreiben der Mails, ganz beim Telefonieren. Ich lasse mich weder beim Gespräch noch beim Schreiben noch beim Telefonieren unter Druck setzen. Ich wende mich ganz dem Augenblick zu. Probiere das immer wieder aus. Du wirst spüren, dass du nicht in Druck gerätst, dass die Zeit dich nicht auffrisst, sondern dass es eine angenehme Zeit ist. Du tust eins nach dem anderen und denkst bei dem einen nicht schon an das andere.

Geh schwierigen Aufgaben
nicht aus dem Weg

—————

Viele Menschen gehen Problemen und Schwierigkeiten gerne aus dem Weg. Sie sind konfliktscheu. Es ist immer unangenehm, sich einem Konflikt zu stellen und ihn direkt anzugehen. Doch der verdrängte Konflikt löst sich nicht von alleine auf. Er schwelt weiter und belastet uns. Es ist zwar ganz normal, dass wir Konflikten lieber ausweichen. Doch wir tun uns keinen Gefallen damit. Die Frage ist also, was uns helfen könnte, uns dem Konflikt zu stellen. Der erste Schritt besteht darin, den Konflikt nicht persönlich zu nehmen. Er ist einfach da. Ich soll ihn nüchtern wahrnehmen und fragen: Was ist genau der Konfliktpunkt? Und dann versuche ich, mit dem Konfliktpartner oder den Konfliktpartnern zu sprechen. Dabei soll ich ohne Vorurteile in das Gespräch gehen. Und ich soll das, was die anderen sagen, nicht bewerten, sondern einfach einmal zuhören. Dann können wir überlegen, wie die verschiedenen Interessen, Ziele oder Wünsche miteinander verbunden werden können. Es kann lange dauern, bis ein Weg gefunden wird. Aber wenn er gefunden wird, fühlen wir uns entlastet. Und wenn ich mit dem Gefühl in den Konflikt gehe, dass Konflikte ganz normal sind und dass sie dazu da sind, gelöst zu werden, werde ich ohne Angst und ohne inneren Druck den Konflikt angehen.

Es gibt aber viele andere schwierige Situationen, die uns im Alltag begegnen. Da spüre ich zum Beispiel, dass ich mit meinem Sohn oder mit meiner Tochter einmal über die Zukunft sprechen müsste, etwa darüber, wie lange sie noch im Hause bleiben wollen oder wie weit sie auch künftig mit meiner finanziellen Unterstützung rechnen. Das sind unangenehme Themen. Aber wenn wir ihnen ausweichen, wachsen in uns Aggressionen und Vorurteile. Wir denken möglicherweise: Der Sohn oder die Tochter macht es sich bequem. Doch vielleicht sind sie in Wirklichkeit froh, wenn wir die Situation ansprechen. Nur wir selbst haben Hemmungen. Wir haben vielleicht Angst, sie könnten empfindlich reagieren oder uns missverstehen. Aber je länger wir solche Gespräche vor uns herschieben, desto mehr belasten sie uns. Wenn wir wagen, es anzugehen, werden wir spüren, dass es oft viel besser abläuft, als wir erwartet haben. Aber es ist dann gut, sich vorher im Gebet auf dieses Gespräch vorzubereiten. Das Gebet hilft, uns von den Vorurteilen und Ängsten zu befreien.

Eine andere schwierige Situation entsteht immer, wenn wir erkennen, dass wir so nicht weiterleben können. Wir spüren zum Beispiel, dass wir nicht mehr dieselbe Kraft haben wie früher. Wir ahnen, dass uns eine Krankheit schwächt. Aber wir wollen sie am liebsten verdrängen. Auch da ist es notwendig, den Mut aufzubringen, zum Arzt zu gehen und mit ihm zu besprechen, welche Schritte zu tun sind, und zu überlegen, wie es weitergehen kann.

Viele Männer und Frauen in der Lebensmitte stehen vor der Frage, wie sie mit ihren immer älter und kränker werdenden Eltern umgehen sollen. Wie wird es mit der Pflege? Kann die Frau die Pflege der Eltern übernehmen? Wie weit kann der Mann dabei helfen? Oft gehen wir dann diesen Fragen aus dem Weg. Wir denken: Wir warten einfach einmal ab, was kommt. Das kann manchmal gut sein. Wir sollen die Zukunft auch nicht vorwegnehmen. Aber wir müssen uns zumindest Gedanken machen, welche Möglichkeiten dann bestehen, mit den älter werdenden Eltern, die vielleicht bald pflegebedürftig werden, umzugehen. Und es steht auch ein Gespräch mit den Eltern an. Auch davor schrecken viele zurück. Und auch bevor man in ein solches Gespräch mit den alten Eltern geht, ist es gut, für sie zu beten. Dann fällt es mir leichter, mit Wohlwollen und Fürsorge in das Gespräch zu gehen. Und die Eltern werden meine Gedanken nicht als Ablehnung erfahren, sondern als Herausforderung, selber über ihre Zukunft nachzudenken und gemeinsam darüber zu sprechen.

Ganz gleich, vor welch schwieriger Aufgabe wir stehen, es ist nie gut, sie einfach vor uns herzuschieben oder sie zu verdrängen. Manche denken dann, das Problem löse sich von allein. Oder: „Kommt Zeit, kommt Rat." Doch das stimmt nicht immer. Wir müssen nicht alle Probleme heute lösen. Aber wir sollten den Kopf auch nicht in den Sand stecken, sondern die Probleme anschauen und gemeinsam besprechen. Dann können wir immer noch entscheiden, ob wir jetzt handeln sollen oder einfach noch zuwarten dürfen. Entscheidend ist, dass wir nicht einfach wegschauen, sondern die schwierigen Aufgaben tatsächlich anschauen, uns ihnen stellen und dann in aller Freiheit entscheiden, wie wir damit umgehen.

Ritual // *Stell dich unter Gottes Segen*

Du stehst vor einer schwierigen Aufgabe. Du hast Angst, ob du sie bewältigen kannst. Du weißt nicht, ob du in dem schwierigen Gespräch die richtigen Worte findest. Und du weißt nicht, ob dir das Projekt gelingt, weil es von vielen Faktoren abhängig ist, auf die du keinen Einfluss hast. Stell dich und deine schwierige Aufgabe unter den Segen Gottes. Vertraue darauf, dass er dich bei deiner Aufgabe segnet und dass er dir die richtigen Gedanken eingibt, um alles auf einen guten Weg zu bringen. Sein Segen verleiht dir die Kraft, durchzuhalten, wenn dir die Schwierigkeiten Angst machen oder wenn dich deine Kraft verlässt. Und Gottes Segen kann dir die nächsten Schritte zeigen, wenn du nicht mehr weiterweißt. Vertraue darauf, dass sein Segen dich dazu befähigt, diese Aufgabe zu erfüllen. Auch wenn du es dir selbst nicht zutraust – Gottes Segen kann dir neue Fähigkeiten schenken, damit dir die Aufgabe gelingt. So nehme dir dieser Segen alle Angst vor der Aufgabe. Er schenke dir Vertrauen, damit du dich mutig an die Arbeit machst.

Schieb nichts auf, bleib dran –
und du wirst sehen: Es geht

=====

Mir schrieb ein viel beschäftigter Mann vor Kurzem: „Ich schiebe immer wieder wichtige Arbeiten vor mir her. Dann ärgere ich mich darüber. Aber ich komme einfach nicht gegen den Widerstand an, der mich davon abhält, diese Arbeit zu erledigen. Ich habe keine Angst, die Arbeit nicht zu schaffen. Aber ich weiß selber nicht, was dieser Widerstand ist und wie ich damit umgehen kann."

Der Schreiber dieses Briefs ist nicht allein, und er ist keine Ausnahme. Wir alle neigen dazu, Unangenehmes vor uns herzuschieben, und drücken uns gerade vor dem, wovon wir doch wissen, dass es endlich angepackt werden muss. Doch je mehr einer etwas vor sich herschiebt, desto mehr Macht bekommt es über ihn. Unser Motto sollte werden: Aufschieben gilt nicht.

Nicht alles, was wir im Alltag zu tun haben, ist uns sympathisch. Wer kennt die Versuchung nicht: Ich nehme mir vor, den Schreibtisch aufzuräumen oder endlich die Steuererklärung anzugehen. Doch immer gibt es Wichtigeres zu tun. Scheinbar Wichtigeres. Ich sollte einen Konflikt klären, aber denke mir dann: Der löst sich vielleicht von alleine. Aber Unerledigtes lähmt uns, es raubt Energie, die wir brauchen, um uns auf die anderen Dinge einzulassen. Darunter leiden viele.

Es gibt sogar einen eigenen Begriff dafür: Aufschieberitis.

Ich habe dem erwähnten Briefschreiber geraten, erst einmal den Widerstand zu befragen: Sagt er mir, dass der Beruf, in dem ich gerade bin, für mich nicht stimmt? Oder sagt mir mein Widerstand, dass ich momentan keine Kraft habe, diese Arbeit zu erledigen? Oder stelle ich mir diese Arbeit vor wie einen Berg, der zu hoch ist für mich? Dann wäre es gut, sich mit dem Widerstand zu unterhalten. Und wenn klar ist, dass der Beruf stimmt: Dann wäre es gut, sich selber erst einmal die Begrenztheit der eigenen Kraft einzugestehen. Vielleicht sollten Sie sich erst einmal 15 Minuten gönnen, sich hinzulegen und sich vorzustellen: Jetzt muss ich gar nichts tun oder erledigen. Wenn Sie sich das zugestehen, haben Sie auch wieder Lust, die Arbeit anzupacken. Wenn Sie sich die Arbeit zu groß vorstellen, wie einen unbesteigbaren Berg, dann sollten Sie die Arbeit einteilen. Sie können sich sagen: Zwei Stunden arbeite ich jetzt daran und sehe, wie weit ich damit komme. Morgen kann ich dann weiterarbeiten. Sie werden sehen, dass Sie dann die Arbeit gut erledigen können.

Ritual // Die Kraft, es jetzt zu tun: Übung gegen die Aufschieberitis

Setzen Sie sich einmal ruhig hin und horchen Sie in sich hinein: Was habe ich in letzter Zeit vor mir hergeschoben? Was sollte ich endlich einmal erledigen? Was hindert mich daran? Dann stellen Sie sich vor: Wie würde ich mich fühlen, wenn ich diese Aufgabe – den längst fälligen Brief zu schreiben, das schwierige Telefonat zu führen, die Protokolle zu schreiben usw. – sofort erfüllen würde? Und wie würde ich mich fühlen, wenn die Arbeit vollbracht wäre? Genießen Sie das gute Gefühl, dass Sie die Arbeit erledigt haben. Und dann horchen Sie in sich hinein: Wann möchte ich den Brief schreiben, das Telefonat führen? Am besten machen Sie es sofort. Das Ritual will in Ihnen die Kraft hervorrufen, es jetzt zu tun.

Halte Ordnung – das tut auch deiner Seele gut

Für den hl. Benedikt ist der Begriff der Ordnung wichtig. Man könnte meinen, das sei typisch römisch. Die Römer haben ja alles gut organisiert. Aber die Ordnung, die Benedikt meint, ist mehr, als alles einfach nur gut zu ordnen. Er meint mit der Ordnung des Tages, der Arbeit, der Dienste vielmehr, dass das Leben der Mönche dadurch leichter gelingt. Eine gute Ordnung vermeidet unnötige Konflikte. Aber mit Ordnung ist auf keinen Fall ein Ordnungsfanatismus gemeint. Es gibt Menschen, deren Haus völlig geordnet ist. Aber die Ordnung erscheint steril. Darin kann man nicht atmen, geschweige denn leben. Ordnungsfanatiker haben oft Angst vor der Buntheit des Lebens. Daher muss alles bis ins Kleinste geordnet sein. Und wie der Name Ordnungsfanatismus sagt, steckt dahinter auch eine starke Aggression. Ordnungsfanatiker können anderen das Leben schwer machen. Auf der anderen Seite kennen wir genügend Leute, die überhaupt keine Ordnung haben, keine Struktur. Bezogen auf die äußerliche, direkt sichtbare Unordnung spricht man von „Messis", die ihre Wohnung verschlampen, die gar keinen Platz mehr haben, an dem sie sich frei bewegen und atmen können. Es geht also um die rechte Ordnung. Die können wir von den Wüstenvätern lernen. In einem Väterspruch heißt es: „Wenn der Mensch Ordnung einhält, dann wird er nicht verwirrt" (Apophthegmata Patrum 741). Was kann das für uns heißen?

Die äußere Ordnung bringt die Seele des Menschen in Ordnung. Nicht nur für depressive Menschen ist es wichtig, sich eine gute äußere Tagesordnung zu geben. Wenn die Seele von sich aus keine gesunde Struktur hat, dann hilft eine äußere Ordnung, die Seele zu formen. Der große Mönchsvater Antonius hat das am eigenen Leib erfahren. Es heißt von ihm, dass er „einmal in verdrießlicher Stimmung und mit düsteren Gedanken in der Wüste saß". Man könnte sagen: Er wurde von depressiven Stimmungen überschwemmt. Er war in eine Depression geraten. Er war verzweifelt und fragte Gott: „Was soll ich in dieser meiner Bedrängnis tun? Wie kann ich das Heil erlangen?" Da belehrt ihn ein Engel des Herrn, was er tun soll. In dem Apophthegma heißt es: „Bald darauf erhob er sich, ging ins Freie und sah einen, der ihm glich. Er saß da und arbeitete, stand dann von der Arbeit auf und betete, setzte sich wieder und flocht an einem Seil, erhob sich dann abermals zum Beten. Und siehe, es war ein Engel des Herrn, der gesandt war, Antonius Belehrung und Sicherheit zu geben. Und er hörte den Engel sprechen: Mach es so und du wirst das Heil erlangen. Als er das hörte, wurde er von großer Freude und mit Mut erfüllt und durch solches Tun fand er Rettung" (Apophthegmata Patrum 1).

In der erfahrenen Einsamkeit und Eintönigkeit zeigt ein Engel den Weg aus der Bedrängnis: Wenn er eine gesunde

Ordnung einhält, wenn er abwechselt zwischen Gebet und Arbeit, dann wird er Heil und Heilung erfahren. Die gute äußere Ordnung wird seiner Seele und seinem Leib gut tun. Ich kann nicht immer nur arbeiten oder immer nur beten. Auch für meinen Alltag heute gilt: Ich brauche die gute Abwechslung, um mich ganz auf die Arbeit und ganz auf das Gebet einlassen zu können. Ich spüre selbst, dass mir gerade die äußere Ordnung des Tages hilft, effektiv zu arbeiten und mich dabei nicht überfordert oder gestresst zu fühlen. Die Ordnung hält Zeiten der Stille und des Gebetes wie Freiräume bereit, in denen ich wieder aufatmen kann. Dann habe ich neue Lust, mich an die Arbeit zu machen.

Ritual // *Keine Ausreden mehr*

Nimm dir vor, einmal in der Woche ein Ordnungsritual zu machen. Überlege, wann die beste Zeit dafür ist. Am besten ist es, diese Zeit jede Woche auf den gleichen Tag und die gleiche Stunde festzulegen. Dann gibt es wenig Ausreden. Nimm dir dann vor, eine Stunde lang etwas in deiner Wohnung, in deinem Zimmer in Ordnung zu bringen. Das kann dein Schreibtisch sein oder dein Zimmer. Oder du kannst auch deinen Terminkalender in Ordnung bringen. Die ganze Wohnung kannst du nicht in Ordnung bringen. Aber wenn du jede Woche ein wenig ordnest, fühlst du dich auf jeden Fall besser. Du bleibst dann nicht vor einem Berg von Unordnung stehen, sondern packst jede Woche etwas an. Du kannst aber auch in dieser Stunde überlegen, wie du deine Gedanken in Ordnung bringen kannst. Wo beherrschen dich oft Gedanken? Denkst du zu viel über andere nach? Von einem Mönchsvater heißt es: „Immer wenn er von einer Versammlung heimkam, ordnete er zuerst seine Gedanken." So kannst du am Ende der Woche deine Gedanken ordnen, die während der Woche aufgetaucht sind und dich immer noch beherrschen.

Nimm deine Zeit selber
in die Hand

Viele jammern darüber, dass sie keine Zeit haben oder dass die Zeit so schnell vergeht. Sie lassen sich vom Zeitdruck auspressen. Die Griechen kennen zwei Worte für Zeit: chronos und kairos. Chronos, das ist die Zeit, die uns auffrisst, die uns dem Diktat des Chronometers unterwirft. Viele erleben ihre Zeit heute als chronos. Kairos ist die angenehme Zeit. Jesus spricht immer vom kairos, von der angenehmen Zeit. Ob die Zeit für mich chronos oder kairos ist, das liegt an mir. Die Zeit wird für mich chronos, wenn ich sie als Feind sehe, den ich möglichst besiegen muss. Viele versuchen ein gutes Zeitmanagement zu erlernen. Managen kommt von „manus" („Hand"). Es meint also ursprünglich: die Zeit in die Hand zu nehmen. Doch manche verstehen Zeitmanagement mehr als Kampf gegen die Zeit, die ich unbedingt besiegen muss, die mir gehören muss. Doch die Zeit lässt sich nicht besitzen, sie lässt sich nur erleben. Und das gelingt nur, wenn ich die Zeit als kairos sehe. Kairos wird die Zeit für mich, wenn ich ganz im Augenblick bin. Es ist jetzt nichts wichtiger als dieser Augenblick, in dem ich gerade spreche, schreibe, dem anderen begegne, arbeite. Wenn ich einen Vortrag höre, dann genieße ich es, jetzt diese Zeit zu haben, neue Gedanken anzuhören. Wenn ich gerade lese, genieße ich es, mich auf dieses Buch einzulassen. Ich denke nicht darüber nach, was ich mit den Gedanken in meinem Leben ändern sollte. Ich bin jetzt im Lesen und tauche darin in eine neue Welt ein, die mir gut tut.

Ein Weg, die Zeit für mich zum kairos werden zu lassen, ist das Einlassen auf den Augenblick. Ein anderer Weg besteht darin, seine Tage und seine Wochen einmal genau anzuschauen und uns zu prüfen, wie wir die Zeit erleben. Dann können wir uns folgende Fragen stellen: Wie sieht dein Tag genau aus? Bist du damit zufrieden? Du sollst deinen Wochenplan nicht mit einem schlechten Gewissen anschauen und dir viele Vorsätze machen, was du alles verbessern möchtest. Vielmehr solltest du Lust bekommen, deine Zeit selber in die Hand zu nehmen und sie so zu gestalten, dass du dich darin wohlfühlst und dass du die Dinge, die anstehen, ohne Stress erledigen kannst. Wenn du dein Wochenraster anschaust, wirst du erkennen, was sinnvoll ist und was nicht, was du wirklich tun möchtest und was nur lästige Verpflichtungen sind, die du eigentlich längst abschneiden wolltest. Wache über deine Zeit, damit sie eine erfüllte und gesegnete Zeit wird, damit von deiner Zeit Segen ausgeht für dich und deine Mitmenschen.

Ich wünsche dir, dass du täglich in deiner auf Effektivität ausgerichteten Welt einen Freiraum entdeckst und dass du in diesem Freiraum die Zeit anders erlebst: als Zeit, die Gott dir schenkt, als reine Gegenwart, in der dir aufgeht, was Leben heißt: ganz präsent zu sein. Wenn ich ganz präsent bin, bin ich im Sein, dann bin ich einfach. Dann spüre ich das Geheimnis des Seins, dann geht mir das Geheimnis der Zeit auf: dass sie immer eine heilige Zeit ist, eine Zeit, in der Gott an mir wirkt und mich heil und ganz machen möchte.

Ritual // *Unverbrauchte Zeit als Geschenk erleben*

Setz dich ruhig hin in einen Sessel oder auf eine Bank im Freien. Schließe die Augen und stell dir vor: Die Zeit verrinnt. Die alte, verbrauchte Zeit löst sich auf. Und mit der alten Zeit lasse ich alles Vergangene los. Und dann stell dir vor: Die neue Zeit, die unverbrauchte, gleichsam jungfräuliche Zeit entsteht. Überlasse dich ganz dieser Zeit. Und nimm diese neue und unverbrauchte Zeit an als ein Geschenk Gottes. Gott schenkt dir die Zeit, dass du lebst, dass du diese Zeit gestaltest, dass du der geschenkten Zeit deinen persönlichen Stempel aufdrückst, dass es eine erfüllte Zeit wird, eine wertvolle Zeit, eine gesegnete Zeit für dich und für die Menschen, die mit dir diese neue Zeit teilen. Vielleicht erahnst du dann das Geheimnis der Zeit. Sie ist und bleibt letztlich ein Geheimnis, das wir nur behutsam berühren, aber niemals in den Griff bekommen können.

Vermeide Hektik – lebe langsamer, aber konzentriert

In der Arbeit, aber auch in unserem alltäglichen Leben begegnen wir vielen Menschen, die voller Hektik sind. Sie kommen nie zur Ruhe. Sie verbreiten auch um sich herum Hektik. Wir nennen einen Menschen hektisch, der aufgeregt, von krankhafter Betriebsamkeit, sprunghaft und gehetzt erscheint. Das Wort „hetzen" kommt von „hassen". Wer hektisch und gehetzt ist, der hasst sich selbst. Die Frage ist, was uns in die Hektik treibt. Manche meinen, die viele Arbeit sei daran schuld. Das ist manchmal sicher auch der Fall. Aber Hektik entspringt meistens einer inneren Haltung. Man setzt sich selbst unter Druck, alles möglichst schnell zu erledigen. Hinter diesem Druck steckt die Angst, ich könnte vor den Vorgesetzten nicht gut genug dastehen. Manchmal muss man auch hektisch sein, um zu beweisen, dass man viel tut. Andere wollen mit ihrer Hektik beweisen, dass sie wichtige Menschen sind, dass sie eine wichtige Aufgabe in der Firma haben. Doch hektische Menschen verbreiten um sich herum nur Unruhe. Und sie verbreiten Aggressionen. Der gehetzte Mensch hasst nicht nur sich selbst, sondern auch die Menschen, mit denen er umgeht. Denn er vermittelt allen, die in aller Ruhe arbeiten, ein schlechtes Gewissen. Er treibt sie gleichsam mit seiner Hektik an, genauso hektisch zu werden wie er. Wenn man jedoch die Arbeitsleistung von hektischen und ruhigen Menschen vergleicht, so wird man oft erkennen, dass der Mensch, der aus einer inneren Ruhe heraus arbeitet und sich ganz auf seine Arbeit einlässt, wesentlich effektiver und nachhaltiger arbeitet.

Die Frage ist, wie wir unsere eigene Hektik überwinden können und wie wir hektischen Menschen begegnen können, ohne uns von ihnen zur Hektik antreiben zu lassen. Gegenüber hektischen Menschen sollen wir uns schützen, indem wir uns sagen: Ich lasse seine Hektik bei ihm. Ich lasse mich von ihm nicht anstecken. Wenn ich bei mir spüre, dass ich hektisch werde, dann sollte ich nach den Ursachen fragen – und nach den Gefühlen, die in der Hektik in mir auftauchen. Manchmal hat die Hektik ihren Grund in der Lebensgeschichte. Eine Frau erzählte mir, dass sie als Kind immer dann, wenn sie gespielt hat, von ihrer Mutter angehalten wurde, sie solle etwas arbeiten, es gebe doch so viel zu tun im Haushalt. So hatte sie ein schlechtes Gewissen, wenn andere von ihr den Eindruck hatten, sie könne in aller Ruhe arbeiten. Mit ihrer Hektik wollte sie ihr schlechtes Gewissen beruhigen und den anderen beweisen, dass sie fleißig ist und genügend arbeitet. Wenn ich auf mein gegenwärtiges Gefühl achte, werde ich oft erkennen, dass ich mich selbst unter Druck setze, die Arbeit möglichst schnell zu erledigen. Ich lasse mich dann nicht auf die Arbeit ein, sondern lasse mich von den Erwartungen anderer antreiben. Doch mit dieser hektischen Arbeit werde ich weniger erreichen und den Erwartungen der anderen gerade nicht gerecht werden.

Sobald ich merke, dass ich hektisch werde, sollte ich mich selbst beruhigen: Ich arbeite jetzt. Eins nach dem anderen. Ich denke nicht schon an das Ende der Arbeit oder daran, wann ich fertig sein könnte. Ich lasse mich jetzt ein und gebe mich der Arbeit in aller Ruhe hin. Und ich vertraue, dass ich dann die Arbeit gut verrichte und auch rechtzeitig fertig werde. Wenn ich immer auf den Endtermin starre, werde ich hektisch und komme doch nicht schneller voran. Eine andere Hilfe kann sein, dass ich mich in der Hektik auf meinen Leib konzentriere: Ich atme ruhig. Ich halte meine Hand auf mein Herz und sage mir vor: Ich bin ganz bei mir. Ich werde jetzt aus diesem Gefühl des Bei-mir-Seins, des In-meiner-Mitte-Seins arbeiten. Ich lasse meine eigenen Erwartungen und die der anderen einfach los. Und noch eine andere Hilfe kann sein: Ich gehe bewusst langsam, wenn ich zur Toilette oder in ein anderes Büro gehe. In dem langsamen Gehen komme ich wieder zu mir selbst. Ich lasse mich nicht von außen treiben. Ich gehe selber meinen Weg. Das hilft mir, dann auch meine Arbeit als ich selbst zu verrichten und nicht ständig auf die anderen zu starren, die meine Arbeit beurteilen könnten.

Ritual // *Kleine Gänge werden zur Alltagsübung*

Wir können das einfache Tun des Alltags zum Ritual werden lassen. Nehmen Sie in diesem Monat einfach die kleinen Gänge als Übung: den Gang zum Briefkasten, den Gang zum Büro, den Gang zur Toilette. Normalerweise machen wir uns das Gehen gar nicht bewusst. Wir wollen möglichst schnell zum Briefkasten oder zum Büro des Abteilungsleiters. Doch diese einfachen Gänge werden zur Übung, zum Ritual, wenn ich bewusst langsam gehe. Durch das langsame Gehen verlangsamt sich mein Leben. Ich gelange dann zu mir selbst. Ich komme bei mir an. Im langsamen Gehen nehme ich wahr, was da in mir geschieht. Ich erkenne das Wesen meiner menschlichen Existenz, die darin besteht, dass ich immer auf dem Weg bin. Ich kann nicht stehen bleiben. Ich muss immer weitergehen auf meinem inneren Weg. Und im Gehen kann ich mich „freigehen" von vielen Sorgen, die ich mir mache. Im Gehen lasse ich die vielen Gedanken los, die mir durch den Kopf schwirren, die Sorgen, die ich mir um vieles mache. Ich bin einfach im Gehen. Ich genieße es, langsam zu gehen und im Gehen ganz bei mir zu sein. Ich gehe nicht, um an ein äußeres Ziel zu gelangen. Ich gehe vielmehr, um bei mir selbst anzukommen. Aber das Gehen erinnert mich auch daran, dass ich letztlich immer auf Gott zugehe. Ich bin immer auf dem Weg zu Gott. Wenn ich mir das bewusst mache, dann relativieren sich die Probleme, um die ich gerade kreise.

Sag öfter Nein –
es gibt dir Klarheit

Immer wieder höre ich die Klage: „Ich kann nicht Nein sagen. Daher wächst mir die Arbeit über den Kopf. Alle wollen etwas von mir. Es wird mir einfach zu viel. Aber es fällt mir trotzdem schwer, etwas abzusagen."

Die meisten Menschen nennen als Grund für ihre Unfähigkeit, Nein zu sagen, dass sie andere nicht verletzen möchten. Aber wenn ich nachfrage, ob es noch andere Gründe gibt, dann erkennen manche: Ich habe Angst, nicht mehr so beliebt zu sein, nicht mehr gefragt zu sein, nicht mehr gebraucht zu werden. Ich habe Angst, dass ich dann abgelehnt werde. Es ist gut, sich solcher Gründe bewusst zu werden. Sie zeigen meine Bedürftigkeit. Ich möchte von möglichst vielen geliebt werden, von vielen Anerkennung bekommen. Wenn ich mir dieses Bedürfnis eingestehe, kann ich es auch relativieren. Denn dann werde ich erkennen: Ich kann nicht bei allen beliebt sein. Ich kann nicht von allen Anerkennung oder Bestätigung erwarten.

Ich kenne von mir selbst, dass es mir nicht immer leicht fällt, Nein zu sagen. Aber ich habe gelernt, auf meine Gefühle zu achten. Wenn ich bei einer telefonischen Anfrage das Gefühl habe, dass ich eigentlich keine Lust habe, dass sich da etwas in mir wehrt, dann kann ich leichter Nein sagen. Wenn ich Lust habe, mich auf eine Anfrage und Bitte einzulassen, dann sage ich gerne Ja. Aber wenn ich bei der Anfrage schon eine innere Aggression spüre oder das Gefühl habe, überfordert zu sein, dann werde ich auch fähig, Nein zu sagen. Allerdings braucht es zum Hören auf das Gefühl auch eine äußere Hilfe. Mir hilft es, bei einer Anfrage nicht sofort Ja oder Nein zu sagen. Ich sage dann am Telefon: „Ich werde gerne in meinem Kalender nachsehen, ob es geht. Ich antworte Ihnen morgen." Dann gewinne ich Zeit, auf mein Gefühl zu horchen: Möchte ich da wirklich hinfahren, um den Vortrag zu halten? Möchte ich wirklich dieses Gespräch? Oder spüre ich in mir einen Widerstand? Dann kann ich in aller Ruhe Nein sagen.

Früher hatte ich auch Angst, ich könnte andere enttäuschen, wenn ich auf solche Bitten hin Nein sage. Aber inzwischen spüre ich, dass ein Nein auch die Beziehung zum anderen klären kann. Normalerweise akzeptieren die Menschen ein Nein. Aber ich darf es dem anderen nicht aggressiv entgegenschleudern. Vielmehr kann ich ihm sagen, dass ich mich über seine Anfrage gefreut habe. Aber leider geht es nicht. Ich muss das gar nicht begründen. Denn wenn ich es begründe, dann bin ich schon im Zugzwang: wenn der andere meinen Grund hinterfragt oder Wege findet, meinen Grund zu umgehen.

Wenn ich nur Ja sage, weil ich nicht Nein sagen kann, ist das Ja kein wirklich freies Ja. Und das spürt der andere an meiner Ausstrahlung. Ich werde dann die Bitte nicht aus vollem Herzen erfüllen. Ich kann nur wirklich Ja sagen, wenn ich mir auch die Freiheit gönne, Nein zu sagen. Dann ist das Ja ein gutes Ja, und es wird auch Segen bringen.

Ritual // *Höre in dich hinein*

Wenn dich jemand um etwas bittet, dann mach folgendes Ritual: Höre in dich hinein: Welche Gefühle tauchen in dir auf? Freust du dich, die Bitte zu erfüllen? Ist es eine Herausforderung für dich, an der du wachsen kannst? Oder spürst du einen Widerstand? Durchkreuzt die Bitte deine Pläne, die du dir für die nächsten Tage gemacht hast? Wenn die Bitte deine Pläne durchkreuzt, dann gestehe dir ein, dass du die Bitte eigentlich nicht gerne erfüllst. Aber du sollst dein Gefühl auch nicht absolut setzen. Versetze dich in den anderen hinein: Tut es ihm wirklich gut? Braucht er tatsächlich meine Hilfe? Spüre ich, dass ich ihm wirklich helfen kann? Dann könnten solche Gründe durchaus die eigenen Unlustgefühle verwandeln: Es fällt mir zwar schwer, meine Pläne loszulassen. Aber ich spüre, dass es wichtiger ist, mich auf die Bitte dieses Menschen einzulassen. Aber dann frage dich auch: Hast du das Gefühl, dass der andere sich zu sehr auf dich verlässt, dass er es sich zu bequem macht und seine Probleme nicht selber lösen, sondern lieber in der Opferrolle bleiben möchte? Solche Gefühle sollst du auch ernst nehmen. Du wirst dann mit dem Nein den anderen sicher enttäuschen. Aber das Nein könnte auch eine Herausforderung für den anderen werden, selbst zu handeln und sein Problem selbst zu lösen.

Den Flow erleben –
hingegeben an das Tun

===

Der ungarische Psychologe Mihály Csíkszentmihályi hat das Bild des „Flow" geprägt. Er meint damit: Wer im Fluss ist, der erlebt zugleich Glück. Er ist ganz bei sich und zugleich ganz bei der Sache, bei der Arbeit, die er gerade verrichtet. Aber die Arbeit ist für ihn nicht etwas Fremdes, eine Belastung, die er mühevoll bewältigen müsste. Wenn der Mensch sich ganz der Arbeit hingibt, wenn er beim Arbeiten im Fluss ist, dann macht ihn auch die Arbeit glücklich. Flow geschieht immer dort, wo Menschen mit Hingabe und Aufmerksamkeit ihre Arbeit gerne verrichten. Dann geht alles wie von selbst. Immer wenn ich mich mit ganzer Aufmerksamkeit auf das einlasse, was ich gerade tue, fließt in mir eine schier unerschöpfliche Energie. Ich gehe dann vollkommen auf in dem, was ich tue, und erfahre dabei eine schöpferische Energie. Ich vergesse sogar die Müdigkeit. Ich bin ganz in dem, was ich tue.

Flow geschieht aber nicht nur in der Arbeit, sondern bei allem, was wir tun, beim Genießen, beim Spielen, und auch in der Muße, wenn wir nach außen hin nichts tun. Flow ist also ein Lebensprinzip, eine Art müheloser Bewegung in einem Strom von Energie.

Wenn wir dieses moderne Verständnis im Licht der spirituellen Tradition betrachten, dann entspricht der Flow dem, was die Mystiker als Hingabe bezeichnen. Und auch das hat Auswirkungen auf unseren Alltag. Der hl. Benedikt verbindet Gebet und Arbeit. Im Gebet üben wir die Hingabe an Gott ein. Die Hingabe an die Arbeit ist für Benedikt die Fortsetzung der Hingabe an Gott im Gebet. Denn in der Hingabe werden wir frei vom eigenen Ego. Wir sind ganz bei dem, was wir tun. Das klingt so leicht. Doch viele überlegen sich bei der Arbeit, wie die anderen ihre Arbeit einschätzen. Oder sie setzen sich selbst unter Druck, alles möglichst schnell zu erledigen. Dann denken sie immer an die Zeit. Das hält sie von der Hingabe ab. Oder sie setzen sich unter Druck, alles möglichst perfekt zu machen. Solche Nebengedanken ziehen uns von der Arbeit weg. Und sie führen oft dazu, dass wir durch die Arbeit erschöpft werden. Wenn wir uns einfach auf die Arbeit einlassen und uns ihr ganz hingeben, dann fließt die Energie in uns. Und wir erleben die Arbeit nicht als Last, sondern als Lust.

Der Psychologe Csíkszentmihályi sieht allerdings eine zweite Bedingung dafür, dass wir bei der Arbeit im Fluss sein können. Es ist die Abwechslung. Das entspricht der Weisheit der Mönche, dass wir unseren Tag und unsere Arbeit durch einen guten Rhythmus strukturieren sollen. Wir können das Flowgefühl bei der Arbeit nicht unbegrenzt erleben. Es braucht den guten Rhythmus zwischen der Arbeit und der Muße oder, wie Benedikt es beschreibt, zwischen Arbeit und

Gebet. Hingabe und Rhythmus sind die beiden Bedingungen, dass wir bei der Arbeit in einen guten Flow kommen, dass die Energie einfach fließt und wir Freude daran haben.

Ritual // *Eine einfache Tätigkeit, die besonders wird*

Such dir eine einfache Arbeit aus. Das kann das Rasenmähen sein oder das Reinigen deines Zimmers, aber auch Routinearbeiten in dem Beruf, den du ausübst. Versuche dich ganz auf diese einfache Tätigkeit einzulassen. Überlege nicht, ob sie jetzt sinnvoll ist. Setz dich auch nicht unter Druck, sie besonders schnell oder besonders gut machen zu müssen. Versuch dich selbst dabei zu vergessen und nur einfach in deinem Tun zu sein. Sag dir innerlich: Es gibt jetzt nichts Wichtigeres und nichts Schöneres, als diesen Rasen zu mähen, nichts Wichtigeres, als mein Zimmer zu reinigen, nichts anderes, als diese Routinearbeit zu tun. Wenn du mit der Arbeit fertig bist, halte kurz inne und spüre in dich hinein: Spürst du jetzt eine tiefe Ruhe? Hat dich die Arbeit in eine ähnliche Haltung geführt wie die Meditation? Bist du frei geworden vom Ego, das sich immer darstellen muss? Wenn du die Arbeit beendest, genieße es einfach, jetzt ein paar Augenblicke ganz ruhig zu sein, dich ganz an den Augenblick hinzugeben.

Atem schöpfen und durchatmen in der frischen Luft

In der Corona-Krise haben viele darunter gelitten, dass sie zu lange in ihrer Wohnung bleiben mussten und kaum an die frische Luft konnten. Sie haben das Bedürfnis gespürt, einfach spazieren zu gehen, frische Luft zu atmen. Wir wissen, dass es für unsere Gesundheit gut ist, jeden Tag an die frische Luft zu gehen. Schon die griechischen Ärzte wie Hippokrates und Galen haben bei ihrer Kunst des gesunden Lebens den Bereich „Licht und Luft" als wesentliche Bedingung für die Gesundheit erkannt.

Heute hat man eine eigene Lichttherapie entwickelt, weil die Menschen zu wenig an der frischen Luft sind. Das natürliche Licht, das wir beim Spaziergang erleben, würde eine solche Lichttherapie unnötig machen. Das Licht kann depressive Stimmungen vertreiben. Es hellt unsere Stimmung auf. Neben dem Licht ist es aber auch die frische Luft, die uns gut tut. In der frischen Luft können wir durchatmen. Wir spüren den Unterschied, wenn wir in einer Stadt spazieren gehen oder in einer schönen, unberührten Landschaft wandern. Jede Landschaft hat ihre eigene Luft, beispielsweise das Meer, dessen Luft vor allem für Menschen mit Atemproblemen heilsam ist. Das Gebirge, in dem wir oft die reine Luft in der Höhe genießen, weitet unser Herz. Wir spüren, dass es uns gut tut, diese reine Luft zu atmen. Und die Luft im Wald hat wieder eine neue Qualität, die die Mediziner heute in ihrer heilenden Wirkung neu entdeckt haben.

Aber die gute Luft außen hilft uns nicht weiter, wenn wir nicht gut atmen. Wir sollen diese gute Luft bewusst einatmen und die Frische genießen, die sie uns schenkt. Wenn wir in der Natur wandern, tut es uns gut, einfach einmal stehen zu bleiben und nur auf den Atem zu achten. Beim Ausatmen stelle ich mir vor, dass ich nicht nur verbrauchte Luft ausatme, sondern auch die Gedanken ausatme, die Sorgen und Ängste loslasse. Und beim Einatmen kann ich mir vorstellen: Ich atme in der Luft den Geist Gottes ein, der die Natur durchströmt. Ich atme Liebe ein. Rumi, ein persischer Dichter, nennt den Atem den Liebesduft Gottes. Ich rieche im Atem die Frische der Natur, aber vielleicht auch die Liebe, die mir aus der Natur entgegenströmt. Im bewussten Atmen werde ich eins mit der Natur um mich herum. Ich fühle mich zugehörig, verbunden, geborgen. Und ich habe das Gefühl, dass ich im Atmen aus der heilenden Quelle der Natur trinke. Das erfrischt mich und stärkt mich. Es erneuert mich. Und es ist sicher gesund für mich.

Ritual // *Annehmen und loslassen*

Setz dich ruhig hin, schließ die Augen und achte auf deinen Atem. Du musst den Atem nicht verändern, sondern atme ruhig aus und lass dann den Atem von alleine in dir hochkommen. Verbinde das Ausatmen mit den beiden Worten: annehmen und loslassen. Stelle dir beim Ausatmen vor: Ich nehme alles, was in mir ist, an, so wie es ist. Ich nehme meine Vergangenheit an, meine Gegenwart, meine Gedanken und Gefühle. Ich kämpfe nicht dagegen. Aber ich lasse beim Ausatmen auch alles los, was in mir ist: meine Ängste, meine Sorgen, meine Grübeleien. Beim Einatmen kannst du dir die beiden Worte vorsagen: neu werden und eins werden. Stell dir vor, dass beim Einatmen frische und neue Luft in dich einströmt und alles in dir erneuert. Du kannst dir auch vorstellen, dass es der Geist Gottes ist, der in dich einströmt. Und der Geist Gottes macht alles neu. Und stell dir vor, dass du im Einatmen eins wirst mit der Welt um dich herum, mit der Schöpfung, aber auch mit dem Schöpfer, mit Gott und mit dir selbst. Übe 15 Minuten dieses langsame Atmen mit diesen vier Bildern. Du musst die Worte auch nicht laut aussprechen. Auch wenn du sie dir nur vorstellst – es wird dir sicher gut tun.

Gegenerfahrungen sind wichtig –
plane Auszeiten ein

=====

Zeiten der Ruhe und der Stille tun uns gut. Sie erfrischen uns, schenken neue Kraft. Wir sollten sie nicht dem Zufall überlassen und können sie auf ganz unterschiedliche Weise suchen und gestalten.

Wenn Menschen als Gäste auf Zeit in unser Kloster kommen, zu einem Kurs am Wochenende oder zu einem längeren Aufenthalt, gönnen sie sich diese Tage ganz bewusst. Sie lassen ihre Angehörigen zurück und spüren, dass es allen gut tut. Sie kehren erfrischt und ermutigt und mit neuer Kraft in die Familie zurück. Andere nehmen sich solche Zeiten für Einzelexerzitien. Manche machen es sich zur Gewohnheit, einmal oder zweimal im Jahr sich eine solche Auszeit im Kloster zu nehmen.

Nicht jeder wird es sich erlauben können, für einige Tage oder gar Wochen auszusteigen. Aber auch der Urlaub, den sich die meisten von uns gönnen, ist ja eine Art Auszeit, die wir uns gönnen. Auch da sollten wir freilich darauf achten, ihn nicht mit Aktivitäten vollzustopfen. Das Wort „Urlaub" kommt von „erlauben". Es geht im Urlaub darum, mir zu erlauben, das zu tun, was meiner Seele gut tut. Dann werde ich spüren, wie heilsam auch Ruhe und Stille sein können.

Neben diesen Auszeiten im Urlaub oder im Kloster gibt

es aber Tag für Tag die Gelegenheit, sich eine kleine Auszeit zu nehmen. Ich kann mich etwa am Morgen vor die Christusikone setzen und mir gönnen, einige Minuten einfach dazusitzen und es zu genießen, dass ich nichts tun muss, dass ich einfach Christus anschaue und mich von ihm anschauen lasse. Oder ich kann mir tagsüber immer wieder kleine Auszeiten gönnen. Das kann auch mitten in der Arbeit geschehen, wenn ich mir bewusst eine kleine Pause gönne. Die kann manchmal vielleicht nur eine Minute dauern. Entscheidend ist, dass ich vom Äußeren nach innen gehe, dass ich versuche, in den inneren Raum der Stille zu gelangen. Dort habe ich das Gefühl: Zu diesem Raum der Stille hat der Lärm um mich herum keinen Zutritt. Da können auch die Erwartungen von außen nicht eindringen. Es ist ein innerer Zufluchtsort. Ich laufe da nicht vor den Problemen meines Alltags davon. Ich nehme Zuflucht, um mich von dort aus innerlich erneuert und erfrischt wieder dem Alltag zuwenden zu können. Viele sagen, sie würden im Trubel des Alltags diesen Ort der Stille auf dem Grund ihrer Seele nicht spüren. Aber allein schon die Vorstellung, dass jenseits der Probleme, die uns herausfordern, ein Ort der Stille in uns ist, relativiert die Probleme. Sie verwandelt unser Gefühl: Wir fühlen uns innerlich gelassen, frei und erfrischt.

Was könnten sogenannte Oasen sein, in denen wir solche Erfahrungen machen können? Wichtige Zeitoasen mitten in unserem Alltag sind zum Beispiel die Wochenenden. Auch da haben viele ihre Zeit so vollgestopft mit Aktivitäten, dass sie sich nicht von der Woche erholen können. Die Gestaltung der Wochenenden verändert sich je nach Jahreszeit und Wetter und je nach der familiären Situation und den persönlichen Bedürfnissen, die sich im Laufe der Zeit auch wandeln. Auch da braucht es immer wieder einmal eine Überlegung, ob die Wochenenden so für mich noch stimmen. Wonach sehnt sich meine Seele, und was braucht mein Leib? Der Sonntag sollte etwas von der Qualität des jüdischen Sabbats haben, den Gott dem Menschen geschenkt hat, damit er die Ruhe genieße. Muße und Ruhe waren auch für die Griechen heilige Zeiten. Der freie Mensch genießt die Muße. Sein Geist öffnet sich für das Eigentliche des Lebens, für Religion und Philosophie und Kunst. Auch der sonntägliche Kirchgang ist eine Einübung in diese Kunst der Muße. Der Gottesdienst eröffnet einen Raum zum Atemholen, in dem man die verbrauchte Luft der Woche ausatmet und den Geist Gottes neu einatmet, damit die Seele wieder erfrischt wird.

Zum Sonntag gesellen sich die Feste. Für manche sind das nur noch freie Tage, die sie mit Ausflügen verplanen. Aber im Fest bricht die Ewigkeit in unsere Zeit ein. Da kommen wir in Berührung mit den Wurzeln unseres Lebens. Da haben wir teil an der heiligen Zeit, an der ursprünglichen Zeit. In der Religionsgeschichte verstand man die Feste als Erneuerung der Zeit aus dem Ursprung heraus. Feste bringen Farbe in unser Leben. Sie ermöglichen Gegenerfahrungen zur Zeit des

Alltags. Sie öffnen unsere Seele, damit sie sich an den Quellen des göttlichen Lebens erfrischen kann.

Ritual // *Nur dieser Augenblick ist wichtig*

Nimm dir mitten in deiner Arbeit, mitten im Alltag eine kleine Auszeit. Setz dich bequem auf deinen Stuhl und achte auf deinen Atem. Stell dir vor, wie du im Ausatmen alles loslässt, was dich gerade beschäftigt oder belastet. Atme deine Gedanken aus, deine Unruhe, den Druck, unter dem du oft stehst. Und im Einatmen lass neue Energie in dich hineinströmen, lass den Heiligen Geist in dich einströmen. Dann fühlst du dich erfrischt und erneuert. Versuche, nicht an deine Arbeit zu denken, an das, was du nachher tun willst. Gönne dir einfach, nur dazusitzen und zu atmen. Jetzt, in diesem Augenblick, ist nichts wichtiger, als nur da zu sein, zu atmen, sich zu spüren, die Freiheit zu spüren. Jetzt musst du keine Erwartungen erfüllen. Jetzt musst du dich vor niemandem rechtfertigen. Du darfst einfach sein. Du erfährst das reine Sein. Dann fühlst du dich frei und bist einfach da, im Einklang mit dir selbst. Aus dieser Erfahrung heraus kannst du dich dann wieder dem widmen, was gerade dran ist.

Wenn Müdigkeit kommt –
nimm sie als Einladung an

===

Es gibt die Müdigkeit, die Ausdruck von Erschöpfung ist. Und es gibt Leute, die müde sind, bevor sie sich überhaupt angestrengt haben. Sie sind des Lebens müde. Aber es gibt auch die wohlige Müdigkeit, die Belohnung der harten Arbeit ist. Sie ist kein Grund zur Klage, sondern die Erlaubnis zum Ausruhen. Ich darf der Müdigkeit auch nachgeben und muss sie nicht bekämpfen. Im Gegenteil: Für mich ist die Müdigkeit eher eine Einladung, mich auszuruhen, mich zu erholen, mir also das zu holen, was ich gerade brauche: Muße oder Schlaf, Musik oder einen Gang in die Natur. Da habe ich das Gefühl: Ich darf, ich muss nicht …

Wenn ich nach einigen intensiven Gesprächen mit den Gästen im Recollectiohaus in mein Zimmer komme, dann spüre ich meist die Müdigkeit. Es hätte jetzt keinen Sinn, gegen diese Müdigkeit zu kämpfen und etwas zu lesen oder zu schreiben. Ich gebe dann der Müdigkeit nach, lege mich 15 Minuten lang aufs Bett und genieße die Schwere der Müdigkeit. Und ich sage mir vor: Jetzt muss ich gar nichts tun. Ich darf einfach nur daliegen und müde sein. Wenn dann der Kurzzeitwecker schellt, stehe ich wieder erfrischt auf. Dann habe ich Lust, wieder etwas zu tun, entweder zu lesen oder zu schreiben.

Wer seine Müdigkeit ständig überspringt, bei dem wird sie leicht zu einem chronischen Zustand. Der Körper zeigt uns, was wir tun sollen. Es gibt eine schöne Müdigkeit. Auch im Urlaub erfahre ich das: Wenn ich von einer langen Wanderung zurückkomme, spüre ich eine wohlige Müdigkeit. Dann genieße ich es auch, mich nach dem Duschen erst einmal etwas hinzulegen und müde der Wanderung nachzuspüren. Erst dann setzen wir uns dann zusammen und feiern den Abend mit einem guten Essen und Rotwein.

Es gibt allerdings auch eine andere Müdigkeit. Manche Menschen erzählen mir, sie seien müde, immer die gleichen Probleme der anderen anhören zu müssen. Oder in der Firma sind sie müde, dass viel geredet wird, aber die Atmosphäre trotzdem nicht besser wird. Oder ich spüre manchmal im Gespräch mit Gästen im Recollectiohaus eine Müdigkeit. Früher dachte ich immer, ich hätte zu wenig geschlafen. Aber als wir im Team darüber sprachen, wurde uns klar, dass wir oft mit Müdigkeit reagieren, wenn der andere nicht über das spricht, was ihn wirklich bewegt, sondern am Kern vorbei über irgendetwas anderes redet. Dann ist die Müdigkeit eine Einladung, über das Eigentliche und Wesentliche zu sprechen. Wenn wir in einer Teambesprechung müde werden, ist das oft ein Zeichen, dass wir über Unwichtiges reden. Die Müdigkeit kann mir zeigen, dass etwas nicht stimmt. Dann ist sie eine Einladung, zu überlegen, worauf es jetzt in diesem Augenblick ankommt, was wirklich wichtig ist.

Es ist also gut, die Müdigkeit als Lehrmeisterin und Freundin anzunehmen, anstatt ständig gegen die Müdigkeit zu kämpfen. Die Müdigkeit ist die Einladung, sich zu erholen, oder aber eine Herausforderung, mich vom Unwichtigen zu verabschieden und das, was wesentlich ist, zu bedenken und anzugehen.

Ritual // *Genieße deine Müdigkeit*

Wenn du von der Arbeit heimkommst, dann leg dich mal 15 Minuten auf das Bett. Stell dir den Wecker, damit du dir diese 15 Minuten ohne Störung gönnen kannst. Lass die Arbeit los, lass die Erwartungen los, die die Menschen an dich haben. Genieße die Zeit, die jetzt allein dir gehört. Genieße die Schwere, die von deiner Müdigkeit kommt. Du fühlst dich getragen. Und du stellst dir vor: Jetzt muss ich gar nichts tun. Ich bin einfach da. Dann spürst du dich selbst. Du musst jetzt nicht fit sein. Du darfst deine Müdigkeit genießen. Wenn dann der Wecker schellt, kannst du dich strecken und – hoffentlich – erfrischt wieder aufstehen. Dann hast du Lust, das zu tun, was daheim auf dich wartet: dich deinen Kindern zuzuwenden oder deinem Ehepartner oder den Aufgaben, die der Haushalt von dir fordert. Oder du hast noch Lust, ins Konzert oder ins Kino zu gehen.

Einfach und gesund – genieße deine Mahlzeit

———

Gemeinsam in ein gutes Restaurant zum Essen zu gehen, ist für viele ein Vergnügen und Genuss. Sie suchen sich in der Speisekarte das aus, was sie anspricht und worauf sie Lust haben. Sie trinken ein Bier oder einen Wein dazu und genießen den Abend. Das gute Essen und der gute Wein wird dann mit guten Gesprächen begleitet.

Aber wir können nicht jeden Tag ausgehen und uns etwas Besonderes gönnen. Es gibt auch die alltäglichen Mahlzeiten. Das deutsche Wort „Mahl" hat die gleiche Wurzel wie „medicus" („Arzt"). Eine Mahlzeit ist also immer etwas Heilendes. Sie kann wie ein Arzt für Leib und Seele sein. Aber viele haben keine Mahlzeiten mehr, sondern nur Sättigungszeiten. Man sättigt sich, um den Hunger zu stillen. Aber beim Sättigen genieße ich das Essen nicht. In allen Kulturen gibt es die Wertschätzung von gemeinsamen Mahlzeiten. Die Griechen haben ihre philosophischen Gedanken oft bei einem „Symposium", bei einem gemeinsamen Mahl, entwickelt. Der Evangelist Lukas, der die griechische Philosophie gut kennt, hat uns von vielen Mahlzeiten erzählt, bei denen Jesus mit den verschiedensten Menschen Mahl hält: mit Zöllnern und Sündern, aber auch mit den Pharisäern. Und er hält Mahl mit seinen Jüngern. Er hat den Jüngern aufgetragen, zu seinem

Gedächtnis miteinander Mahl zu halten und dabei Jesu Liebe im Brot und im Wein in sich aufzunehmen. Die Eucharistie, die Jesus als Vermächtnis einer Liebe gestiftet hat, die stärker ist als der Tod, hat in der christlichen Tradition ein neues Licht auf die täglichen Mahlzeiten geworfen. Auch beim täglichen Mahl essen wir Gottes Gaben, in denen wir seine Liebe schmecken dürfen.

Die tägliche Mahlzeit wird durch die Kultur des Mahles wertvoll, nicht durch die Üppigkeit der Speisen. Jesus hat Brot und Wein als Symbol genommen, um uns seine Liebe schmecken zu lassen. So gewinnt unsere Mahlzeit an Geschmack, wenn wir die Speisen, die wir bereitet haben, bewusst und in Dankbarkeit genießen. In der christlichen Tradition kennt man das Fasten, das uns sensibel dafür machen möchte, die einfachen Dinge wie eine Scheibe Brot oder einen Apfel auf neue Weise zu genießen. Wir können die einfache Mahlzeit auch ohne Fasten genießen. Aber es braucht die Achtsamkeit, dass wir ganz beim Essen und Trinken sind und wirklich wahrnehmen, was wir da essen und wie es schmeckt. Das Schmecken kann auch zu einer ekstatischen Erfahrung des Einsseins führen. Das haben vor allem die Mystikerinnen des Mittelalters so gelesen. Sie sprechen von der „dulcedo Dei", von der Süßigkeit Gottes, die sie auch beim Essen und Trinken genießen. Der französische Schriftsteller Marcel Proust erzählt von einer intensiven Erfahrung, die er beim Essen machte: „In der Sekunde nun, als dieser mit dem Kuchengeschmack gemischte Schluck Tee meinen Gaumen berührte, zuckte ich zusammen und war wie gebannt durch etwas Ungewöhnliches, das sich in mir vollzog. Ein unerhörtes Glücksgefühl, das ganz für sich allein bestand und dessen Grund mir unbekannt blieb, hatte mich durchströmt." Dieses intensive Schmecken hat sein Leben verändert. Er schreibt: „Ich hatte aufgehört, mich mittelmäßig, zufalls-bedingt, sterblich zu fühlen." Nicht jeder wird beim Essen eine so intensive Erfahrung machen. Aber die Beschreibung von Marcel Proust will uns einladen, auf das Schmecken zu achten. Dann können wir uns auf einmal eins fühlen mit der Schöpfung, mit uns selbst und mit Gott. Und dann werden ganz einfache Mahlzeiten zu einem Feiern unseres Lebens und zu einer Erfahrung von Freude und Geliebtsein.

Ritual // *Bewusst wahrnehmen und schmecken*

Wenn du allein isst, dann schmücke den Tisch und beginne das Mahl mit einem Gebet, einem Segen über die Gaben. Das Gebet öffnet dich dafür, dass du in den Speisen Gottes Gaben genießen darfst. Dann versuche, ganz langsam und bewusst die Speisen zu kauen und zu genießen. Und achte auf den Genuss: Was löst der jeweils verschiedene Genuss bei dir aus? Wie fühlst du dich?

Wenn du mit der Familie eine gemeinsame Mahlzeit feierst, dann kannst du folgendes Ritual vorschlagen: Nach dem Segensgebet isst jeder 10 bis 15 Minuten im Schweigen. Jeder versucht, ganz im Essen und Schmecken zu sein. Nach 10 oder 15 Minuten könnt ihr euch dann unterhalten. Jeder kann erzählen, was er geschmeckt hat und wie es geschmeckt hat und was es in ihm an Gefühlen ausgelöst hat. Das Ritual kann man natürlich nicht ständig machen. Aber ab und zu wäre es sicher gut, damit ihr die Mahlzeiten auch sonst bewusster wahrnehmen könnt.

Erlaub dir, auch mal faul zu sein –
es ist ein gutes Gegengewicht

——

„Faulsein" ist für viele von uns ein Schimpfwort. Wir kritisieren Menschen, die nichts tun, die einfach nur faul herumsitzen. Aber zwischendurch ganz bewusst nichts zu tun, kann durchaus einen positiven Effekt haben. In der Zeit der Romantik sangen manche Philosophen und Dichter das Lob der Faulheit als Gegenbild zum philisterhaften Spießbürgerdasein. Eichendorff hat in der sympathischen Figur des „Taugenichts" eine solche Figur geschaffen, deren Liebe zu Musik und Poesie sich von den vorgegebenen Verhaltensmustern der arbeitenden bürgerlichen Gesellschaft abhebt. Die Romantiker störten sich an der Überbewertung des Fleißes in der bürgerlichen Gesellschaft der Aufklärung. Und ist es nicht auch bei uns, in unserer gegenwärtigen Gesellschaft, so, dass die Leistung und die Anstrengung in Gefahr sind, überbewertet zu werden? Da braucht es auch heute ein Gegengewicht. Und das kann die Erlaubnis sein, die wir uns selber geben: manchmal faul sein zu dürfen. Für mich ist das kein Widerspruch zum Fleiß. Ich selber mache in meinem Alltag etwa die Erfahrung, dass ich mich nach einigen Gesprächen, die ich geführt habe, oder nach zwei Stunden Schreiben einfach für 15 Minuten aufs Bett lege und mir erlaube: Jetzt bin ich richtig faul. Jetzt muss ich gar nichts leisten. Ich muss nichts

vorweisen. Dann genieße ich nicht nur die Schwere der Müdigkeit, sondern auch die Freiheit, die mir die Erlaubnis, faul
zu sein, schenkt. Wenn ich dann wieder aufstehe, habe ich
neue Lust zum Schreiben und zum Arbeiten. Durch dieses
Gegengewicht komme ich wieder in die Balance.

Das deutsche Wort „faul" hat natürlich auch einen negativen Aspekt. „Faulen" heißt im Deutschen eigentlich: in
Verwesung übergehen, verderben. Es gibt sicher auch fau-
le Menschen, die sich zu nichts aufraffen können. Bei ihnen
fault auch die Seele. Ihre Seele verliert ihre Spannkraft. Es
braucht für uns ein gutes Gleichgewicht zwischen Fleiß und
Faulsein. Der Philosoph Josef Pieper, der uns die Weisheit
der Denker der griechischen Antike nähergebracht hat, un-
terscheidet das Philosophieren der Griechen von dem des
deutschen Philosophen Immanuel Kant, für den das Philosophieren eine „herkulische Arbeit" ist. Die Griechen sprechen
von der Muße, in der sie innehalten und in der sie wichtige
Erkenntnisse empfangen. Viele Erkenntnisse geschehen einfach, sie werden uns geschenkt. Und diese Haltung bräuchten
wir auch heute wieder neu. C. G. Jung spricht davon, dass es
Probleme gibt, die wir nicht mit eigenem Nachdenken lösen
können. Da sollten wir einfach geschehen lassen. Dann werden wir offen für hilfreiche Einfälle. Wenn wir so offen sind,
kommen uns möglicherweise Gedanken, auf die wir durch
angestrengtes Nachdenken nie gekommen wären. Wir brauchen also auch hier das rechte Maß, von dem Benedikt immer

wieder spricht: das Maß von Tun und Nichtstun, von Fleiß und Faulheit, von Arbeit und Muße, von Pflicht und Freiheit. Dann leben wir unserem Wesen entsprechend, dann leben wir gesund.

Ritual // Trau deinem inneren Gefühl – befreie dich vom Druck

Gönne dir im Urlaub oder an einem Wochenende einmal, richtig faul zu sein. Befreie dich von dem Druck, heute möglichst viel zu erleben, den freien Tag oder den Urlaub auszunutzen zu müssen. Gönne dir einfach mal, faul zu sein und nur herumzuhängen. Wenn dir das Herumhängen langweilig wird, dann spüre in dich hinein: Worauf habe ich jetzt Lust? Überlege also nicht, was deiner Gesundheit gut tut oder was du Sinnvolles tun könntest. Trau einfach deinem inneren Gefühl. Bleib noch länger im Sessel sitzen oder in der Hängematte liegen und geh deinen Gedanken und Träumen nach. Du musst jetzt auch keine Probleme lösen und keine neuen Ideen für dein Leben entwickeln. Trau deiner Seele, dass sie dich in Berührung bringt mit dir selbst und in dir die Gedanken und Träume hervorruft, die dir gut tun.

Pausen machen – das tut Leib und Seele gut

—

„Wer rastet, der rostet", so heißt eine Devise, die ein pausen-loses Vorankommen als treibendes Motto hat. Nur so komme man voran. Das Ideal ist die Maschine, die nicht stillsteht, sondern pausenlos in Betrieb ist. Aber der Mensch ist nicht so. Er braucht Ruhephasen, Zeiten des Durchatmens, der Entspannung. Die Pause ist ein Akt der Kontemplation. Sie ermöglicht Erkennen, Verstehen des Ganzen. Die Bibel sieht das so: Gott, so berichtet die Bibel, hat in sechs Tagen die Welt erschaffen. Aber am siebten Tag machte er eine Pause. Er ruhte aus von seinem Werk. Die Pause hat das Werk erst vollendet: „Am siebten Tag vollendete Gott das Werk, das er geschaffen hatte, und er ruhte am siebten Tag" (Gen 2,2). Was könnte das für uns bedeuten?

Für mich heißt das: Meine Arbeit wird erst vollendet, wenn ich von ihr ausruhe. Die Arbeit bleibt Stückwerk, wenn ich immer weiterarbeite. Das Ausruhen gehört zur Vollendung der Arbeit, damit sie ganz und rund wird.

Ich kenne Menschen, die ohne Pause arbeiten. Es geht im-mer weiter. Sie machen nicht einmal eine richtige Mittags-pause, beantworten auch jetzt ihre Mails und essen nebenher ihr Pausenbrot. Oder man macht „power lunch" und arbeitet mit Kollegen nebenher noch weiter und bespricht die Dinge, zu denen man vorher keine Zeit zu haben glaubte. Doch eine Pause ist etwas anderes. Das griechische Wort „anapauso", von dem unser Wort „Pause" kommt, meint: aufhören, aufatmen. Ich höre mit dem auf, was ich gerade gemacht habe, um innerlich aufzuatmen. Ich unterbreche, damit es nachher umso besser weitergehen kann. Die Gehirnforscher haben erkannt, wie wichtig für uns eine Pause ist: Da regeneriert sich das Gehirn. Da werden wieder kreative Verbindungen geschaffen. Die Leute, die pausenlos arbeiten, meinen, sie würden mehr leisten. Aber das Gegenteil ist der Fall: Ihre Arbeit verliert an Kreativität. Für mich ist es wichtig, mir auch beim Schreiben immer wieder Pausen zu gönnen. Wenn ich am Sonntagnachmittag drei Stunden Zeit habe zu schreiben, dann lege ich mich nach 90 Minuten für eine Viertelstunde aufs Bett und gönne mir, nichts zu tun und an nichts zu denken. Ich denke dann auch nicht darüber nach, was ich nach dieser Pause schreiben könnte. Aber manchmal kommen gerade jetzt von allein neue Gedanken. Und dann setze ich mich wieder an den PC und schreibe kreativ weiter. Ich kenne auch größere Pausen. In den Urlaub etwa nehme ich nichts zum Schreiben mit. Und manchmal spüre ich auch während des Jahres: Meine Kreativität ist erschöpft. Dann gönne ich es mir, in die Bibliothek zu gehen, und suche mir interessante Bücher, die ich dann lese. So wird wieder Neues möglich.

Ganz gleich, in welcher Situation wir stehen: Wenn wir tagsüber einer normalen Arbeit nachgehen, dann sollten wir die Pausen heilighalten. Das sind Zeiten, die uns gehören, in denen wir in Berührung kommen können mit uns selbst, in denen wir unseren Alltag auch wieder bewusst vor Gott stellen können. „Heilige Zeiten" meint nicht, dass wir jetzt beten müssten. Es genügt, einfach da zu sein und sich vielleicht vorzustellen, dass wir vor Gott dasitzen oder daliegen. Dann fühlen wir uns getragen – und arbeiten mit mehr Lust wieder weiter. Auch wenn wir zu Hause eine Arbeit erledigen, sollten wir uns Pausen gönnen. Ich kenne Hausfrauen, die das Gefühl haben, dass sie nie fertig werden. Im Haushalt gibt es natürlich immer etwas zu tun. Aber gerade deshalb ist es wichtig, sich selbst diese heilige Zeit einer solchen Pause zu gönnen, in der wir uns selbst spüren. Und wenn wir diese Zeit auch genießen, dann tut es uns nicht nur für den Augenblick gut. Wir können wieder aufatmen und werden uns mit neuem Schwung der Arbeit widmen.

Ritual // *Genieße, was du gut gemacht hast*

Wenn du eine Arbeit fertig gemacht hast, entweder in der Firma oder im Haushalt, dann gönne dir eine Pause. In der Pause stell dir vor: Gott hat sein Werk vollendet, indem er ausruhte. Denke nochmals über deine Arbeit nach und genieße es, dass du sie vollbracht hast, dass sie dir gelungen ist. Als Gott sein Werk vollendet hatte, sah er, dass alles sehr gut und sehr schön war. Schau mit den Augen Gottes auf deine Arbeit. Kritisiere nicht an ihr herum, überlege nicht, was du vielleicht hättest besser machen können. Sag dir vor: Es ist gut und schön so, wie es geworden ist. Und sei dankbar für das Werk, das du geschaffen hast. Dann fühlst du dich Gott nahe. Unser Arbeiten und Wirken hat ja teil an Gottes schöpferischem Tun. So siehst du in der Pause deine eigene Würde.

Loben tut gut – dir selbst und anderen

━━━━

Loben kann die Welt – und auch dich – verändern. Denn das Loben wird dir die Welt in einem anderen Licht zeigen. Und es wird deine Seele leben lassen. Und vor allem im Umgang miteinander kann ein Lob Wunder wirken. „Nicht geschimpft ist genug gelobt", meinen zwar manche gefühlskargen Menschen. Loben ist nicht mit Schmeichelei zu verwechseln. Wo es Anerkennung gibt, fühlen wir uns wohler als dort, wo nur geschimpft wird, aber auch besser als dort, wo alles als selbstverständlich erachtet oder wo immer nur kritisiert wird. Psychologen kennen die Fünf-zu-eins-Regel, nach der es, wenn man dem anderen einen Vorwurf macht, fünf Freundlichkeiten braucht, damit der andere wieder ins Gleichgewicht kommt. Lob dagegen stärkt grundsätzlich. Es wirkt positiv auf Leib und Seele. Menschen freuen sich und blühen auf, wenn sie gelobt werden. Und es tut uns selber wohl, wenn wir anderen in solchem Wohlwollen entgegenkommen. Schon die Bibel weiß: Nur wer lobt, lebt wirklich.

Das deutsche Wort „loben" hat die gleiche Wurzel wie „glauben" und „lieben": „liob" („gut"). Loben heißt daher: Gutes sagen von einem Menschen, über einen Menschen, zu einem Menschen. Beim Loben steht der Gelobte als Subjekt im Mittelpunkt: Du hast das gut gemacht. Du bist schön.

Du hast eine gute Ausstrahlung. Im Loben sehe ich von mir selbst ab. Ich schaue ganz auf den anderen. Worte schaffen Wirklichkeit, und Lob ist letztlich Liebe in Worten ausgedrückt. Indem ich das Gute benenne, wird es stärker.

Bei Führungsseminaren wird oft vermittelt, dass der Chef seine Mitarbeiter loben soll. Doch häufig wird das Lob dann als Methode angewandt. Dann merken die Mitarbeiter: Der Chef war wieder auf einem Seminar. Jetzt lobt er mal wieder zwei Wochen lang. Doch das angelernte Lob wirkt nicht. Es wird dann leicht verzweckt. Doch Loben ist zweckfrei. Wenn ich den anderen lobe, dann schaue ich nicht auf mich und auf die Wirkung, die ich mit dem Loben erzielen möchte. Vielmehr bin ich ganz beim anderen. Ich spreche das aus, was ich beim anderen sehe. Loben wirkt nur, wenn es der Wahrheit entspricht. Es verlangt Ehrlichkeit, Natürlichkeit und die Fähigkeit, wahrzunehmen, was der andere ist und was er dir und der Gemeinschaft bedeutet.

Wenn ein anderer sich für mein Lob bedankt, dann fühle ich mich im Einklang mit mir und mit ihm. Wir haben beide gedankt und im Danken Gemeinschaft erfahren. Wir haben beide gespürt, dass letztlich alles Gute von Gott kommt. Aber es ist gut, es dem Empfänger von Gottes Gaben auch zu sagen, dass ich dafür dankbar bin.

Wenn ich mich für ein Lob bedanke, kann ich es genießen. Aber zugleich weiß ich, dass ich dieser Mensch bin, der auch seine Fehler und Schwächen hat. Wenn ich beides zulasse:

das Lob und die Wahrnehmung der eigenen Begrenztheit, dann sehe ich mich realistisch. Wenn ich das Lob abwehre, nehme ich mich selbst nicht an mit all den guten Gaben, die mir geschenkt sind. So ist die Annahme des Lobes immer auch Annahme meiner selbst und dankbares Genießen all der Geschenke, die mir Gott in meine Hände gelegt hat. Wer sich über das Lob freut, erfreut auch den, der ihn lobt.

Für mich ist das Loben übrigens auch in der geistlichen Begleitung wichtig. Das Lob hat in der Begleitung freilich eine andere Bedeutung und einen anderen Geschmack. Loben heißt: das Gute ansprechen. So spreche ich das Gute an, das ich beim anderen sehe: „Sie haben eine gute Ausstrahlung. Sie haben schon viel in Ihrem Leben geschafft. Sie haben ein gutes Gespür, was für Sie stimmt. Sie können Ihrem Gespür vertrauen. Ihre Seele weiß, was für Sie gut ist." Solche Worte sprechen das Gute im anderen an. Und insofern sind sie Lob, auch wenn sie nicht typische Lobesworte sind.

Ritual // *Wie echtes Loben geht*

Wenn man sich das Loben anerzieht oder es funktionalisiert, etwa in der Hoffnung, dass man dadurch eine bessere Führungskraft wird, dann wirkt es oft künstlich. Besser wäre es, aus dem Loben ein Ritual zu machen und das Loben an bestimmte Erfahrungen zu binden. Immer wenn ich mich über etwas freue, sage ich es dem, der mir eine Freude gemacht hat. „Das freut mich." Oder: „Damit hast du mir eine Freude gemacht." Und immer wenn ich etwas bewundere, was jemand getan hat, drücke ich es aus: „Das hast du gut gemacht. Das ist dir gut gelungen." Wenn ich das Gute anspreche, dann wecke ich auch das Gute im anderen. Das Loben bringt den Menschen in Berührung mit den Fähigkeiten, die in ihm stecken und die er oft selbst übersieht. So hat das Loben immer auch eine heilende Wirkung.

Achte einen Tag lang darauf, wie du bewertest

———

Ob wir wollen oder nicht, wir sind ständig am Bewerten. Wir bewerten uns selbst, unsere Gedanken, unser Sprechen und unser Verhalten. Und sobald wir jemandem begegnen, steigt in uns eine Bewertung hoch. Manche Menschen müssen vom Beruf her ständig bewerten. Führungskräfte müssen ihre Mitarbeiter einschätzen, Lehrer ihre Schüler beurteilen. Ist es also überhaupt möglich, einen ganzen Tag lang auf Bewertungen verzichten?

Aber so viel ist klar: Wir können einüben, die Bewertungen, die in uns aufsteigen, möglichst schnell loszulassen. Wie das gehen könnte, möchte ich für die drei eben genannten Bereiche – sich selbst bewerten, andere bewerten, beruflich bewerten – beschreiben. Ich bewerte mein Tun und mein Verhalten, wenn ichdenke: Das hast du nicht gut gemacht. Da hast du dich nicht gut verhalten. Wenn dieser Gedanke in mir aufkommt, dann sage ich mir: Es ist so, wie es ist. Es darf so sein. Und ich halte es Gott hin, dass er mein Tun und Verhalten doch zum Segen wandelt. Ich bewerte oft genug auch meine Worte: Das hast du nicht richtig gesagt. Das war nicht weise genug. Auch da wäre es die Aufgabe: einfach loszulassen. Die Worte kann ich nicht rückgängig machen. Sie dürfen sein. Ich muss nicht perfekt sein. Und ich bitte Gott, dass meine Worte trotzdem zum Segen für andere werden. Die schwierigste Aufgabe besteht darin, seine Gedanken und Gefühle nicht zu bewerten. Sobald ich Angst habe, bewerte ich mich selber: Ich bin schwach, ich bin krank. Es ist nicht gut, Angst zu haben. Dann sage ich mir: Die Angst darf sein. Der Gedanke darf sein. Aber ich lasse ihn jetzt los. Aber ich kann meine Ängste, meine traurigen Gefühle, meinen Ärger nur loslassen, wenn ich diese Gefühle angenommen habe. Sie werden immer wieder in mir auftauchen. Und unwillkürlich bewerte ich. Aber dann lasse ich das Bewerten los. Es lohnt sich nicht. Ich bin so, wie ich bin. Es darf sein. Erst dann kann ich überlegen, wie Verwandlung in mir geschehen kann.

Sobald wir andere Menschen und ihr Verhalten sehen, bewerten wir schon. Das können wir nicht abstellen. Das hat ja auch durchaus positive Seiten. Das spontane Bewerten macht uns entweder vorsichtig dem anderen gegenüber oder es öffnet uns für ihn. Aber dann geht es darum, das Bewerten sofort loszulassen. Es steht mir nicht zu, ihn zu bewerten. Ich kenne ihn gar nicht, ich weiß nicht, warum er so ist. Und er darf so sein, wie er ist. Wenn ich in mir negative Gedanken über den anderen spüre, dann sage ich mir: Ich habe kein Recht, ihn zu bewerten. Und natürlich erinnere ich mich an das Wort Jesu: „Richtet nicht, damit ihr nicht gerichtet werdet" (Mt, 7,1). Und ich sage mir: Ich bin ja auch nicht vollkommen. Also darf auch der andere so sein, wie er ist.

Natürlich: Lehrer müssen die Leistungen und das Verhalten der Schüler benoten und Führungskräfte die Leistungen ihrer Mitarbeiter beurteilen. Das ist eine Tatsache. Aber dann wäre es wichtig, zu unterscheiden: Ich bewerte die Leistung und das Verhalten, aber nicht den Menschen. Es steht mir nicht zu, den Schüler oder Mitarbeiter als Menschen zu bewerten. Jeder Mensch ist ein Geheimnis. Ich kenne seine Geschichte nicht. Auch wenn ich Verhalten bewerte, muss ich mir immer wieder vorsagen, dass ich diese einmalige Person schätze, dass ich ihre Würde achte. Wir können also nicht einen ganzen Tag auf Bewertungen verzichten, aber wir können einmal einen ganzen Tag bewusst auf unser Bewerten achten und es immer wieder loslassen, sobald es auftaucht. Dann wird sich unser Blick auf uns selbst und auf die Menschen um uns herum wandeln.

Ritual // *Wertungen loslassen. Annehmen, was ist*

Setz dich hin und frage dich: Wie bewerte ich meinen Leib, meine Gesundheit, mein Aussehen, meinen Geist, meine Intelligenz, meine Fähigkeiten, meine menschliche Reife? Und wie bewerte ich die Gedanken, die in mir auftauchen? Werte ich mich ab, entwerte ich mich oder stelle ich mich in meinen Gedanken über andere, indem ich die anderen abwerte? Lass es ruhig zu, dass du das alles bewertest. Doch dann versuche, alle diese Bewertungen loszulassen und nach und nach Ja zu sagen zu deinem Leib, zu deinem Aussehen, zu deinen Fähigkeiten, zu deiner Person, so wie sie geworden ist. Nimm dich so, wie du bist, an. Und dann versuche zu träumen: Wohin möchte ich kommen in meinem Leben, in meiner menschlichen Entwicklung? Und dann halte Gott deine Träume hin und bitte ihn, dass er dich auf dem Weg begleitet und dir dabei hilft, deine Träume zu erfüllen.

Ärgere dich nicht –
es lohnt sich nie

Im Deutschen sagen wir: „Ich ärgere mich." Demnach bin ich selber der, von dem der Ärger ausgeht. Die deutsche Sprache geht also davon aus, dass wir selbst verantwortlich sind, wenn wir uns ärgern. Ähnlich sieht es der alttestamentliche Philosoph Kohelet. Er sagt an einer Stelle: „Halte deinen Sinn von Ärger frei" (Koh 11,10). Er meint also, dass wir Ärger vermeiden können. An einer anderen Stelle sagt er: „Lass dich nicht aufregen, sodass du dich ärgerst, denn Ärger steckt in den Ungebildeten" (Koh 7,9). Wenn ich mich also über Menschen ärgere, dann – so meint Kohelet – verweist das auf einen Mangel meiner Bildung. Ich würde das Wort so verstehen: Wenn ich mich selber und andere Menschen erkenne und verstehe, dann gibt es keinen Grund zum Ärger. So versteht es der Psychologe unter den Mönchen, Evagrius Ponticus (345–399). Er schreibt: „Betest du, dann steigen häufig Gedanken in dir auf, die es gerechtfertigt erscheinen lassen, dass du ärgerlich wirst. Doch Ärger gegen deinen Mitmenschen ist völlig ungerechtfertigt. Wenn du es nur versuchst, dann kannst du die Angelegenheit klären, ohne ärgerlich zu werden. Versuche alles, damit du einen Ausbruch deines Ärgers vermeidest" (Über das Gebet 24).

Für uns klingen die Worte des Kohelet und des Evagrius

allzu rational. Die Erfahrung ist doch, dass wir uns immer wieder ärgern oder dass Menschen in uns Ärger hervorrufen. Evagrius weiß aus eigener Erfahrung, dass auch in ihm immer wieder Ärger hochkommt. Aber er meint eben, dass wir nicht verantwortlich sind für den Ärger, der in uns auftaucht, sondern nur dafür, wie wir damit umgehen. Und auf keinen Fall dürfen wir „einen Ausbruch des Ärgers" zulassen. Die Frage ist also, wie wir mit unserem Ärger umgehen. Wir können den ganzen Tag Selbstgespräche führen und uns in den Ärger hineinsteigern. Dann schaden wir uns selbst. Oder wir können den Ärger anschauen und nach seinen Gründen fragen. Dann bekommen wir Distanz zum Ärger. Wir können mit ihm umgehen. Manchmal ist der Ärger der Impuls, mich besser abzugrenzen. Ich ärgere mich über den anderen, wenn er meine Grenze überschritten hat. Und ich ärgere mich über mich, dass ich ihn diese Grenze habe überschreiten lassen. Dann nehme ich den Ärger, der in mir auftaucht, als Einladung, mich besser gegenüber den anderen abzugrenzen, mich vor ihnen zu schützen. Dann brauche ich mich nicht mehr zu ärgern. Manchmal kann der Ärger auch ein Impuls sein, etwas besser zu lösen. Als Cellerar habe ich mich manchmal geärgert, wenn etwas schiefgelaufen ist. Ich kann mich dann vom Ärger beherrschen lassen und den ganzen Tag ärgerlich herumlaufen. Oder aber ich nehme ihn als Impuls, die Ursache zu erkennen für das, was schiefgelaufen ist. Oder ich kann die entsprechenden Personen einladen, die daran beteiligt waren. Dann können wir eine bessere Lösung für die Zukunft finden.

Ich kann also Ärger nicht absolut vermeiden. Aber ich kann es vermeiden, dass ich mich vom Ärger bestimmen lasse. Ärger ist eine Emotion. Dass sie in mir auftaucht, kann ich nicht verhindern. Aber wie ich damit umgehe, das ist meine Entscheidung. Wenn ich angemessen mit dem Ärger umgehe, dann ärgere ich mich nicht, sondern nehme den Ärger als einen Impuls von außen, der mich antreibt, mich entweder besser abzugrenzen oder etwas anzupacken, damit es besser läuft.

Ritual // *Nimm die Schwächen anderer als Spiegel*

Überlege, über welche Schwächen anderer Menschen du dich aufregst oder ärgerst. Und dann meditiere diese Schwächen und versuche, sie als Spiegel für dich selber zu nehmen: Warum ärgere ich mich so über dieses Verhalten des anderen? Habe ich in mir selber auch die Tendenz, mich so zu verhalten wie der andere? Aber ich habe es mir verboten. Und ich ärgere mich über den anderen, weil er das lebt, was ich mir verboten habe. Habe ich es mir verboten, weil es mir meine Erziehung so gesagt hat? Oder habe ich es mir aus innerer Überzeugung verboten, weil ich spüre, dass es mir nicht gut tut, mich so zu verhalten? Oder ärgere ich mich über die Schwächen des anderen, weil sie mich stören? Weil z. B. seine mangelnde Körperpflege mich wegen der unangenehmen Gerüche stört? Wenn du im Verhalten des anderen einen Spiegel für dich findest, dann versuche, deine eigene Wahrheit, deine eigenen verdrängten Verhaltensweisen und Bedürfnisse Gott hinzuhalten und Gottes Liebe da hineinströmen zu lassen. Wenn dich das Verhalten des anderen stört, weil es deine Grenze – vom Geruch her, vom Lärm her, von der Hektik her – überschreitet, dann versuche, gut bei dir selbst zu sein, dich innerlich abzugrenzen vom anderen und in deiner Mitte zu bleiben. Dann wird dich das Verhalten des anderen nicht mehr so aufregen.

Aufbrechen ins Freie –
ein Waldspaziergang zum Beispiel

In der Nähe meines Klosters ist ein großer Wald. Früher bin ich da gerne am Sonntagnachmittag spazieren gegangen. Und im Urlaub liebe ich Waldspaziergänge, nicht nur wegen des Schattens, sondern vor allem auch wegen der eigenartigen Atmosphäre. Der Wald spiegelt Geborgenheit. Manchmal erinnert der Wald mich aber auch an einen Märchenwald. Er hat etwas Verzauberndes, Geheimnisvolles an sich.

Heute spricht man von Waldbaden und preist es an als einen wichtigen Beitrag zum gesunden Leben. Auf der einen Seite freue ich mich darüber, dass man den Wald neu entdeckt hat als etwas, was Leib und Seele des Menschen gut tut. Auf der anderen Seite aber ärgere ich mich über die Tendenz, dass heute nur das wertvoll ist, was etwas bringt. Der Spaziergang durch den Wald muss etwas bringen. Ich muss genau erklären können, welche Stoffe da im Körper ausgeschüttet werden, die für die Gesundheit verantwortlich sind.

Mir genügt es, einfach bewusst durch den Wald zu gehen. Ein Nadelwald riecht anders als ein Laubwald. Und in jeder Jahreszeit riecht ein Wald auf je eigene Weise. Dann schaue ich einfach und bewundere die Lichtspiele. Die Sonne fällt ein und lässt die Blätter in einem eigenartigen Licht erscheinen. Immer wieder bleibe ich stehen vor besonders eindrucksvollen Bäumen. Ich spüre, dass ich genauso feste Wurzeln haben möchte, damit ich einfach dastehen kann, ganz gleich, was von außen an Stürmen oder Unwettern auf mich einströmt. Manchmal bewundere ich, wie die Wurzeln sich den Weg in die Erde bahnen. Manchmal umschlingen sie Felsen. Ich bleibe einfach stehen und schaue.

Ich höre auch: auf das Rauschen des Windes etwa, der die Blätter bewegt. Manchmal ist es ein geheimnisvolles Rauschen, das mich an den Geist erinnert, der weht, wo er will. Ich bleibe dann einfach stehen. Es ist wie eine tiefe Gotteserfahrung, die man nicht mehr mit Worten beschreiben kann. Je nach Jahreszeit höre ich auf das Singen der Vögel, auf das Klopfen des Spechtes, auf den Ruf des Kuckucks. Und ich spüre, dass die Welt nicht nur Heimat ist für den Menschen, sondern auch für viele Vögel, die sich hier daheim fühlen, für die vielen Tiere, die den Wald bevölkern, und für die Bäume und Pflanzen, sich im Wald ausbreiten.

Es braucht keine medizinischen oder psychologischen Kenntnisse, um den Wald als etwas Heilsames zu erleben. Es genügt, einfach achtsam durch den Wald zu gehen, immer wieder stehen zu bleiben und zu schauen, zu riechen, zu hören. Dann erlebe ich den Wald als etwas Wunderbares, das mir gut tut, das heilsam ist für meine Seele und hoffentlich auch für meinen Leib.

Ritual // *Setz dich auf eine Bank inmitten der Natur*

Setz dich auf eine Bank in einer schönen Landschaft, und dann schau einfach in die Landschaft hinein, auf die Wiesen, die vor dir liegen, oder auf die Wälder, die dich umgeben. Und stell dir vor: Gott selbst durchdringt die Natur mit seinem Geist. Er sorgt dafür, dass die Pflanzen gedeihen, dass die Tiere genügend Nahrung haben, dass der Mensch sich in der Natur geborgen fühlt. Und stell dir vor: Die Natur trägt mich. Wie eine Mutter bewertet sie nicht. Du darfst einfach sein, wie du bist. Und stell dir vor, wie der Geist Gottes, der die ganze Natur durchdringt, auch in dir ist. Im diesem Geist bist du verbunden mit der ganzen Natur. Du bist aus dem gleichen Stoff, aus dem die Natur, die Steine, die Pflanzen, die Tiere, die Sterne und die Sonne geschaffen sind. Wenn dir das bewusst wird, dann kannst du dich eins fühlen mit der ganzen Schöpfung. Und dieses Gefühl von Einssein, von Verbundenheit ist geprägt von Liebe. Es ist letztlich die Liebe Gottes, die die ganze Schöpfung durchdringt. Versuche, diese Liebe als die Kraft, die alles durchdringt, in der Natur wahrzunehmen und in dir. Dann wird auch dein Sitzen auf der Bank zu einer tiefen spirituellen Erfahrung.

Pflege Freundschaften –
nimm dir Zeit dafür

Häufig höre ich Klagen von Menschen, die vor lauter Arbeit und Verpflichtungen ihre Freundschaften vernachlässigen. Sie haben ein schlechtes Gewissen, dass sie so wenig Zeit für ihre Freunde und Freundinnen aufbringen können. Gerade wenn sie zu wenig Zeit für ihre Freunde haben, spüren sie, wie wichtig Freundschaften sind und wie sehr man sie pflegen sollte.

Wie wichtig die Freundschaft für das Wohlergehen des Menschen ist, haben schon die griechischen Philosophen hervorgehoben. Sie haben sich oft über das Geschenk der Freundschaft unterhalten. Die Griechen waren der Überzeugung, dass der Mensch der Freundschaft bedarf, wenn er nicht Schaden an seiner Seele nehmen will. Zugleich haben die griechischen Philosophen aber auch gewusst, dass es immer ein Gottesgeschenk ist, wenn Freundschaft zwischen zwei Menschen entsteht. So sagt Platon: „Gott macht die Freunde; Gott bringt den Freund zum Freund." Für Platon kann jedoch nur der einem anderen Freund sein, der sich selbst Freund ist, der mit sich selbst freundlich umgeht. Daher bedeutet die Pflege der Freundschaft, dass ich zuerst lerne, mit mir selbst gut umzugehen, mein eigener Freund zu werden.

Die Griechen haben ein eigenes Wort für die Freundesliebe: philia. Das Wesen der Freundesliebe ist, dass man den anderen bedingungslos annimmt und zu ihm steht und dass ich vor dem Freund auch ganz ich selber sein darf, ohne mich in eine Rolle hineinzuzwängen. Ein anderer Philosoph hat in Griechenland die Freundschaft gepriesen: Epikur, dem es vor allem ein Anliegen ist, den Menschen glücklich zu machen. Für ihn ist die Freundschaft ein Weg zur Glückseligkeit eines erfüllten Lebens.

Über den Wert der Freundschaft sind wir uns normalerweise einig. Aber Freundschaft will auch gepflegt werden. Es gibt zwar Freunde, die sich kaum sehen. Aber wenn sie sich sehen, sind sie sofort wieder vertraut miteinander. Doch das sind die Ausnahmen. Ich möchte wissen, wie es dem Freund geht. Und ich möchte seine Nähe spüren. Ich möchte mich darauf verlassen können, dass er zu mir steht und mir hilft, wenn es mir nicht so gut geht. Freundschaft verlangt immer Gegenseitigkeit. Es ist ein ständiges Geben und Nehmen. Aber wenn ich mir Zeit nehme für die Freundschaft, dann kann ich die glücklichen Erfahrungen machen, von denen uns der Weisheitslehrer Jesus Sirach im Alten Testament erzählt: „Ein treuer Freund ist wie ein festes Zelt; wer einen solchen findet, hat einen Schatz gefunden" (Sir 6,14).

Ein Schatz will wertgeschätzt werden. Die Wertschätzung der Freundschaft zeigt sich darin, dass ich mir Zeit nehme für den Freund. Viele meinen: Der Freund kann ja anrufen, wenn er Zeit mit mir verbringen möchte. Aber vielleicht denkt der

Freund genauso wie ich. Oder man hindert sich selbst daran, mit dem Freund etwas zu unternehmen, weil man ja so viel zu tun hat. Da braucht es immer wieder den festen Entschluss, den Freund anzurufen und ihn zu fragen, ob wir uns wieder einmal treffen und etwas unternehmen könnten, ob wir vielleicht eine Wanderung miteinander machen könnten. Vermutlich wird der Freund froh sein, wenn von mir die Initiative ausgeht. Manche beklagen sich darüber, dass der Anstoß zu einem Treffen immer von ihnen ausgehen muss. Aber anstatt zu jammern, sollte man einfach zum Telefon greifen und fragen. Wenn der Freund nicht kann, ist es auch nicht schlimm. Aber jedes Telefonat vor sich herzuschieben, schadet der Freundschaft. Wenn wir uns dann treffen, dann tut es uns beiden gut.

Ritual // *Der Freundschaft eine feste Form geben*

Manche meinen, weil Freundschaft etwas Intimes, etwas Persönliches sei, würden Formen und Rituale die Freundschaft einengen. Doch das Gegenteil stimmt. Die Freundschaft braucht Rituale. Du kannst mit deinem Freund oder deiner Freundin folgende Rituale ausmachen: Einmal in der Woche (oder wenn es für euch eher stimmt: einmal im Monat) zu einer festen Zeit ruft einer den anderen an. Wenn du den Eindruck hast, dass immer du anrufen musst, könnt ihr ja ausmachen, dass ihr euch im Wechsel anruft. Ein anderes Ritual wäre: zweimal im Jahr einen gemeinsamen Tag ausmachen, entweder eine gemeinsame Wanderung oder den Besuch eines Konzertes oder eines Vortrags oder ein gemeinsames Essen. Viele jammern nur, dass sie keine Zeit haben für die Freunde. Aber Rituale geben der Freundschaft Sicherheit. Und wenn man im Jahr bestimmte Tage festlegt, dann sind das Tabuzeiten, die einem selbst gut tun. Dann kann man sich schon darauf freuen, wieder eine Zeit mit dem Freund oder der Freundin zu verbringen.

Vergiss die Freude nicht –
sie ist das Beste

„Die Seele nährt sich von dem, an dem sie sich freut." Der hl. Augustinus hat das gesagt und damit zum Ausdruck gebracht: Wir werden nicht nur durch das genährt, was wir essen. Die Freude an den Dingen ist die eigentliche Nahrung. Die Seele wird stärker und kraftvoller, wenn wir in dieser Emotion Lebendigkeit, Verbundenheit, Energie erleben. Tolstoj hat gesagt: „Aufgabe des Lebens, seine Bestimmung ist Freude. Freue dich über den Himmel, über die Sonne, über die Sterne, über Gras und Bäume, über die Tiere und die Menschen." Davon spricht auch schon die Bibel: „Ein fröhliches Herz tut dem Leib wohl, ein bedrücktes Gemüt lässt die Glieder verdorren" (Spr 17,22). Wer sich freuen kann, fühlt sich auch in seinem Leib wohl. Und dieses subjektive Wohlbefinden wirkt auch gesundheitsfördernd auf den Leib. Wer sich dagegen von Ärger und Sorgen niederdrücken lässt, der schadet sich selbst.

Die Psychologie sagt uns: Freude ist eine gehobene Emotion. Sie bringt uns in Bewegung. Sie tut uns gut. Doch die Freude ist mehr als eine Emotion. Das Johannesevangelium geht davon aus, dass in jedem von uns eine Quelle der Freude fließt, auch wenn wir sie emotional nicht wahrnehmen. Oft sind wir abgeschnitten von dieser Quelle der Freude. Sorgen und Ängste haben sich daraufgelegt. So dringt sie nicht in unser Bewusstsein vor. Doch durch ein liebes Wort, das jemand zu uns spricht, durch eine schöne Musik, die uns erhebt, kommen wir in Berührung mit dieser Quelle der Freude.

Wie kann man diese alten Weisheiten der Bibel, der Dichter und der Psychologie nun im Alltag aktivieren? Eine Weise, aus der Kraftquelle der Freude zu schöpfen, könnte sein, sich der vielen Freuden zu erinnern, die ich in meinem Leben erfahren habe. So möchte ich dir folgende Übung vorschlagen: Gehe in deinem Gedächtnis deine Lebensgeschichte durch. Dann wirst du dich an viele Situationen erinnern, in denen du dich gefreut hast. Du erinnerst dich vielleicht an die Freude, die du empfunden hast, als du nach dem Läuten der kleinen Weihnachtsglocke in das weihnachtlich geschmückte Wohnzimmer tratst, als du den Christbaum mit den vielen Kerzen sahst, als dein Vater das Weihnachtsevangelium vor dem Christbaum vorlas. Du spürst die tiefe Freude heute noch, wenn du dich in diese Erinnerung vertiefst. So gibt es viele Erinnerungen, die dich mit Freude erfüllen. Du erinnerst dich etwa an deine Erstkommunion, als du freudestrahlend mit der brennenden Kerze auf deine Eltern zugegangen bist, als du im Mittelpunkt der Feier daheim gestanden bist und die Liebe deiner Verwandten gespürt hast. Oder du vergegenwärtigst dir das Gefühl, als du dein Abiturzeugnis empfangen und gespürt hast, wie die Last der Vorbereitungen und der Prüfungen von dir abgefallen ist und das Leben mit allen neuen Möglichkeiten auf einmal vor dir liegt.

Oder schau deine Ferien oder deine Urlaubszeiten an. Da gibt es sicher viele Erfahrungen, über die du dich gefreut hast, über schöne Landschaften, über Begegnungen mit fremden Menschen und Kulturen, über das Schwimmen in einem See, der von wunderbaren Bergen umgeben ist. Du erinnerst dich vielleicht auch an mühsame Wanderungen, die von der Freude über den Gipfel gekrönt waren, den du bestiegen hast. Du hast damals die wunderbare Aussicht genossen. Und warst stolz auf dich, dass du diesen Aufstieg geschafft hast. Und du erinnerst dich an schöne Urlaubsabende, an denen ihr gemeinsam das gute Essen und den Wein genossen habt, der für die Gegend charakteristisch war und der den Geschmack der Landschaft angenommen hat.

Eine andere praktische Hilfe: Stell dir eine Freudenliste zusammen. Die Freudenliste beinhaltet alle Dinge, über die du dich freust, alle Erlebnisse, die dir Freude bereiten. Und du kannst in die Freudenliste auch vergangene Erlebnisse der Freude schreiben. Wenn es dir dann nicht so gut geht, kannst du in dieser Freudenliste lesen. In solchen Momenten kommst du dann wieder in Berührung mit der Freude, die auf dem Grund deiner Seele oft genug verborgen liegt. Durch die Erinnerung an alte freudige Erlebnisse kann die Freude aus dem Grund deiner Seele aufsteigen und dein Bewusstsein durchdringen, sodass du dich heute freuen kannst. Freude führt immer in die Gegenwart und bestimmt das gegenwärtige Erleben. Freude erfüllt uns mit Lebendigkeit, sie gibt unserem Dasein neue Leichtigkeit. Sie überstrahlt augenblicklich auch das, was dich vielleicht vorher bedrückt hat, und ermöglicht auch neue Träume. Dann wirst du auch im Alltag und in einer ganz anderen Situation erfahren, was der hl. Augustinus zum Ausdruck gebracht hat: „Die Seele nährt sich von dem, an dem sie sich freut."

Ritual // *Erspüre die Freude in Leib und Seele*

Setze dich still hin, schließ die Augen und gehe in deinen Leib. Stelle dir vor, du gehst mit deinem inneren Auge deinen Leib durch, den Hals, den Nacken, den Brustbereich, dann in den Bauch und in den Beckenbereich. Spüre in dich hinein, welche Gefühle da in dir sind. Vielleicht sind unterschiedliche Gefühle in den verschiedenen Bereichen deines Leibes. Dann gehe durch alle Gedanken und Gefühle hindurch in den Grund deiner Seele. Du kannst den Grund der Seele nicht im Leib festmachen. Es ist einfach ein Bild für deinen innersten Grund. Und stelle dir vor, dass in diesem inneren Grund deiner Seele eine Quelle der Freude ist. Und lass dann diese Freude langsam vom Grund deiner Seele in deinen Leib hineinströmen und in dein Bewusstsein. Vielleicht verwandelt sich dann deine Stimmung. Und du spürst die Freude dann in deinem ganzen Leib.

Kläre schwierige Beziehungen – und hör auf dein Gefühl

===

Es gibt Menschen, die ständig etwas von uns wollen. Wir versuchen, ihnen zu helfen. Doch dann spüren wir, dass unsere Hilfe nicht fruchtet. Manchmal bringt es uns nur weiter, wenn wir uns von solchen Menschen verabschieden – auf gute Weise.

Sie kreisen immer wieder um das alte Problem. Aus Nächstenliebe heraus wollen wir sie nicht fallen lassen. Wir denken, wir müssten ihnen helfen: Es geht ihnen ja schließlich nicht gut. Solche Gedanken sind lobenswert. Aber wir sollten zugleich auf unsere Gefühle horchen und klären: Tut unsere Hilfe dem anderen denn wirklich gut? Oder legen wir ihn oder sie mit unserer Großzügigkeit nur fest auf ein unreifes Verhalten? Der andere möchte vielleicht gar nichts ändern, weil er sonst den Kontakt mit uns verlieren würde. Und wäre es für ihn nicht eine Herausforderung, einmal ohne unsere Hilfe selbst weiter zu schauen, wie er die Verantwortung für sein Leben in die Hand nimmt und selbst die Schritte tut, die ihn zum Leben führen? Natürlich ist es für uns nicht leicht, einen Menschen zu verabschieden, nur weil er uns nervt. Wir bekommen dann leicht ein schlechtes Gewissen. Und wir sollten das schlechte Gewissen nicht einfach überspringen. Sonst taucht es immer wieder auf. Aber wir sollten in aller

Ruhe überlegen, was für uns selbst und zugleich für den anderen das Beste ist. Und manchmal ist es das Beste, sich von einem nervenden Menschen zu verabschieden. Das könnte auch eine Chance für ihn sein, sich mit der eigenen Wahrheit zu konfrontieren und sich selbst zu fragen, warum er andere nervt. Und es könnte eine Herausforderung für ihn werden, selber die Schritte zu tun, die für ihn möglich sind, um besser leben zu können.

Die Frage nach dem Verabschieden bezieht sich aber nicht nur auf Menschen, die uns um unsere Hilfe bitten. Manchmal werden auch alte Freundschaften auf einmal nervig. Freundschaft ist ein hohes Gut. Man sollte sie nicht leichtfertig aufgeben. Aber ich erlebe immer wieder Freunde und Freundinnen, deren Begegnungen immer nur im Streit enden. Ständig gibt es Missverständnisse und Vorwürfe an den anderen, er würde einen zu wenig beachten und verstehen. Eine Freundin fühlt sich von ihrer Freundin ständig verletzt und macht ihr jedes Mal heftige Vorwürfe. Damit die Freundschaft nicht zerbricht, gibt die Freundin dann nach. Doch sie fühlt sich nicht mehr wohl. In einer Freundschaft sollte man sich nicht verbiegen. Wenn ich mich ständig entschuldigen muss für meine Worte, dann wird die Freundschaft zu einer Belastung. Entweder man kann in einem klärenden Gespräch eine neue Grundlage für die Freundschaft finden, oder man muss akzeptieren: Es waren gute Erfahrungen in der Freundschaft, wir haben uns lange Zeit gegenseitig unterstützt. Aber jetzt ist offensichtlich ein Zeitpunkt, wo sich die Freundschaft überlebt hat. Dann kann es gut sein, sich erst einmal eine Zeit lang voneinander zu distanzieren. Nach einem Jahr kann man dann sehen, ob die Sehnsucht nach der Freundschaft größer ist als die neue Distanz, die man zueinander gewonnen hat. Aber dann sollte man nicht im Streit auseinandergehen, sondern mit einem guten Ritual, in dem man gemeinsam all das würdigt, was man an Gutem miteinander geteilt und erlebt hat. Und man sollte dem anderen dann einen gesegneten Weg wünschen, der ihn in immer mehr Freiheit und Lebendigkeit, Liebe und Frieden führen möge.

Ritual // *Den Abschied gut gestalten*

Wenn du dich von einem Freund oder einer Freundin trennst, dann wäre es gut, ein Abschiedsritual zu gestalten. Ihr kommt noch einmal zusammen. Und jeder erzählt, was ihm der andere bedeutet hat, welche guten Erfahrungen er mit ihm/ihr gemacht hat, was er in der Freundschaft gelernt hat. Er dankt dem anderen für die Freundschaft und für all das Gute, das er in der Freundschaft empfangen hat. Und er sagt dem anderen, was er ihm für die Zukunft wünscht. Es könnte auch ein gutes Ritual sein, all diese guten Erfahrungen und den Dank in einem Brief aufzuschreiben und ihm dem anderen bei dem Ritual zu überreichen. Nachdem jeder genügend Zeit hatte, seine Gedanken auszusprechen, während der andere gut zugehört hat, ohne zu unterbrechen, kann man dann nochmals gemeinsam essen gehen. Das Ritual hält die Vergangenheit in Ehren. Das, was in der Freundschaft gewachsen ist, bleibt für jeden. Jeder trägt es in Dankbarkeit in sich. Das, was war, war gut. Und zugleich spürt jeder, dass es jetzt dran ist, getrennte Wege zu gehen. Jeder geht seinen Weg gut weiter. Er bewertet den Weg des anderen nicht, sondern wünscht ihm Gottes Segen für den neuen Weg.

Lerne, „Stopp!" zu sagen

===

Viele Menschen klagen darüber, dass sie nicht abschalten können. Wenn sie nach einem anstrengenden Arbeitstag heimkommen, läuft der „Film" weiter, den sie tagsüber abgespult haben. Und auch wenn sie sich die Zeit nehmen, spazieren zu gehen, kommen sie nicht los von den vielen Sorgen, die sie bedrängen, oder von tausend Gedanken, die keine tiefere Bedeutung haben, aber trotzdem durch den Kopf rasen.

Was kann man tun, wenn Gedanken unser Gehirn ständig besetzen? Wenn sie gleichsam wie innere Tonbänder ständig ablaufen und alle Ruhe rauben? Ein guter Weg ist, sich auf das zu konzentrieren, was ich gerade tue. Wenn ich spazieren gehe, dann bin ich ganz in meinem Gehen. Ich gehe Schritt für Schritt und denke an nichts anderes. Oder aber ich bin ganz in meinen Sinnen: Ich schaue mir die Landschaft an, ich höre auf das Rauschen des Windes und auf das Zwitschern der Vögel, ich rieche die Gerüche, die der Landschaft eigen sind. Oder ich konzentriere mich auf meinen Atem. Wenn ich ganz in meinem Leib bin, entmachte ich den Kopf. Der Kopf ist immer unruhig, produziert ständig Gedanken, lässt mich nicht zur Ruhe kommen. Manchmal muss ich auch die Gedanken, die immer wieder in mir auftauchen, aus mir herauswerfen. Ich muss mir dann selber einfach sagen: „Stopp! Da denke ich jetzt nicht weiter nach. Damit beschäftige ich mich morgen bei der Arbeit wieder. Aber jetzt bin ich hier und genieße das Gehen, das Sitzen, das Anschauen der Landschaft, das Gespräch mit meinem Freund." Ein anderer Weg, abzuschalten, sieht so aus: Ich lasse alle Gedanken in mir hochkommen. Sie dürfen sein. Aber ich grüble nicht über sie nach. Ich nehme sie wahr und lasse sie weiterziehen. Ich kämpfe nicht gegen diese Gedanken, sondern lasse sie einfach los. Jetzt sind sie nicht so wichtig. Sie ziehen vorüber wie die Wolken am Himmel. Wenn ich alle Gedanken, die in mir auftauchen, so wahrnehme und loslasse, werde ich allmählich innerlich leer.

Leer werden ist für viele kein Ziel, das sie anstreben. Sie möchten doch voller Ideen sein, das Leben bewusst gestalten und in die Hand nehmen. Doch gerade wenn wir innerlich leer werden von den vielen Gedanken, um die wir ständig kreisen, entstehen in uns neue Gedanken. Ich mache oft die Erfahrung: Wenn ich ein Buch oder einen Artikel schreibe, komme ich durch angestrengtes Nachdenken oft nicht weiter. Dann lege ich mich aufs Bett und versuche, einfach nur da zu sein, die Müdigkeit zuzulassen. Auf einmal tauchen in mir neue Gedanken auf, und ich weiß wieder, was ich schreiben soll. Die innere Leere ist also gerade eine Quelle von Kreativität. Die Gehirnforscher meinen, wenn das Gehirn Pause macht, wird es sich regenerieren. Es wird wieder fähig, neue Gedanken zu entwickeln.

Im Buddhismus ist es das Ziel der Meditation – etwa bei

der Zen-Meditation –, innerlich leer zu werden. Doch die Leere ist nicht einfach kalt, sie ist vielmehr der Ort, an dem mir das Geheimnis Gottes aufgeht. Ich muss leer werden, damit Gott in mir wohnen kann. Die christliche Tradition zitiert gerne das Psalmwort: „Lasst ab und erkennt, das ich Gott bin" (Ps 46,11). Gerade wenn ich von allen Gedanken ablasse, werde ich fähig, Gott zu erkennen. Die Mönche sprechen vom „vacare Deo": leer werden für Gott, frei werden für Gott. „Vacare" kann auch heißen: „unbesetzt sein". Nur wenn mein inneres Haus unbewohnt und leer ist, kann Gott darin wohnen. Wenn zu viele Gedanken das Haus meiner Seele besetzen, hat Gott keinen Raum mehr darin. So ist es also auch ein Ziel des geistlichen Lebens, leer zu werden von den vielen Gedanken, die im Kopf umherschwirren, um offen zu werden für Gott, der die Leere mit seiner Liebe ausfüllen möchte.

Ritual // *Die Türhüterübung*

Als Ritual schlage ich dir eine Übung vor, die Evagrius Ponticus im 4. Jahrhundert entwickelt hat. Er nennt es die Türhüterübung. Ich sitze in meinem Zimmer, ohne etwas zu tun, ohne zu lesen, ohne zu meditieren, ohne zu beten und ohne nachzudenken. Das gelingt natürlich nicht. Dann werden Gedanken in mir auftauchen. Evagrius meint nun, ich solle ein guter Türhüter sein. Ich befrage jeden Gedanken: Bist du mir freundlich oder feindlich gesinnt? Bist du ein Hausbesetzer, der mir das Hausrecht streitig macht? Oder hast du mir etwas Wichtiges zu sagen? Die Gedanken, von denen ich den Eindruck habe, dass sie mir etwas sagen möchten, dass sie heilsam für mich sind, dass sie mich auf etwas Wesentliches hinweisen, lasse ich eintreten und unterhalte mich mit ihnen. Doch die anderen weise ich ab, vor denen verschließe ich die Türe. Das ist eine sehr weise Übung. Ich kann ja nicht alle Gedanken stoppen. Das geht nicht. Aber ich kann die Gedanken anschauen, sie befragen. Dann spüre ich, welche ich in mich einlassen und welche ich hinausschicken soll.

Störungsfrei und still –
du brauchst einen Rückzugsort
für dich

═══

Viele Freunde beneiden mich darum, dass ich mich in meine Klosterzelle zurückziehen, die Türe schließen und dann damit rechnen kann, dass niemand mich stört. Auch das Telefon erreicht meine Klosterzelle nicht. Denn das offizielle Telefon geht nur in die Verwaltung. Aber ist so etwas nicht auch im normalen Alltag vorstellbar?

Viele, die in der Familie leben und sich ständig um andere kümmern, um die Kinder und Enkelkinder oder um die kranken Eltern, sehnen sich danach, einen solchen Rückzugsort zu haben. Sie können unsere Situation im Kloster natürlich nicht kopieren. Aber es gibt auch Möglichkeiten, mitten im Alltag solche Rückzugsorte für sich zu schaffen. Für die einen ist es die nahe Kirche. Sie setzen sich manchmal einfach in die leere Kirche und genießen es, dass sie jetzt niemand erreichen kann. Sie setzen sich auch nicht unter Druck, jetzt fromm beten zu müssen. Sie genießen einfach die Stille. Sie lassen die Architektur der Kirche auf sich wirken, die ihnen Geborgenheit vermittelt und ihnen zeigt, dass sie nicht allein sind mit ihrem Glauben, sondern getragen von den vielen, die hier in diesem Raum gebetet haben, und von den Heiligen, die hier auf den Bildern dargestellt sind.

Andere schaffen sich in ihrer eigenen Wohnung eine Insel, auf die sie sich zurückziehen können. Manche räumen dafür ein kleines Zimmer in der Wohnung leer und schaffen sich darin eine spirituelle Ecke. Sie stellen eine Christusikone auf, eine Kerze und einen Gebetshocker oder eine andere bequeme Sitzmöglichkeit. Und wenn sie das Bedürfnis haben, ziehen sie sich in diese Kammer zurück. Da sind sie ungestört. Da sind sie unerreichbar auch für die Telefonanrufe und Anforderungen von außen. Manche setzen sich immer zur gleichen Zeit in dieses Zimmer. Sie machen ein Ritual daraus, sich jeden Tag 10–20 Minuten dort hinzusetzen. Sie meditieren oder sitzen einfach nur da, ohne sich unter Druck zu setzen. Sie sitzen einfach da und genießen die heilige Zeit, die ihnen gehört, in der sie einfach nur sein dürfen, ohne etwas leisten oder erreichen zu müssen.

Früher hatte jedes Haus einen „Herrgottswinkel". Gerne möchte ich dazu einladen, für sich selbst die Möglichkeiten zu erkunden: Was sind für mich Inseln des Rückzugs? Kann ich sie innerhalb der Wohnung schaffen? Genügt mir der bequeme Sessel, auf den ich mich setze, ohne etwas tun zu müssen? Möchte ich mir eine eigene Gebetsecke einrichten? Gönne ich mir einen eigenen Raum, der mir zum Rückzug dient? Oder ist es eher ein Ort außerhalb meiner Wohnung, eine Kirche, eine Bank am Waldrand? Oder sonst ein ruhiger Ort? Überlegen Sie sich, was für Sie möglich ist und worauf Sie sich freuen können, wenn Sie sich dort für einige Augenblicke zurückziehen. Gestalten Sie diesen Rückzugsort so, dass Sie sich darauf freuen, dort zu sein. Ich wünsche Ihnen, dass Sie sich an Ihrem Rückzugsort daheim fühlen, geborgen und eingehüllt in Gottes heilende und liebende Gegenwart.

Ritual // Höre auf die Stille

Such dir einen Ort, an dem es ganz still ist. Das kann ein Raum in deiner Wohnung sein, in den der Lärm der Straße nicht eindringt. Es kann eine Kirche sein, in der es still ist, oder auch ein Wald, wo du keinen Motorenlärm hörst. Wenn du in der Kirche bist, setze dich hin und höre einfach auf die Stille. Im Wald bleibst du am besten stehen und horchst in die Ruhe hinein, die dich umgibt. Was hörst du da? Und gerade wenn du nichts hörst: Was ist die Qualität der Stille, die du dann wahrnimmst? Du musst nichts denken, auch keine Probleme lösen. Bleib einfach sitzen oder stehen, und horche auf die Stille. Natürlich werden dann trotzdem Gedanken in deinem Kopf herumschwirren. Aber versuche immer wieder, einfach nur die Stille nachzuahmen, die dich umgibt. Was umgibt dich da? Kannst du dir vorstellen, dass es Gottes Liebe ist, die dich umgibt? Oder Gottes Segen, der dich einhüllt? Oder einfach eine zärtliche Gegenwart? Wenn du in Gedanken abschweifst, hol dich immer wieder zurück: Ich muss jetzt gar nichts denken und gar nichts tun. Ich versuche, einfach zu sein. So wie die Stille einfach nur ist, reines Sein. Vielleicht wird es dann auch in dir ganz still. Du kannst es nicht mehr beschreiben, was da in dir vorgeht. Aber du ahnst vielleicht das Geheimnis, das dich umgibt und das auch auf dem Grund deiner Seele da ist. Ein Geheimnis, das still ist, über das man nicht mehr sprechen kann.

Wer abschalten kann,
hat mehr vom Leben

Man spricht von den Jugendlichen als der „Generation Smart-phone". Chatten per Whatsapp ist üblich, man postet Bilder und Nachrichten auf Instagram, schaut Videos auf Youtube. 85 Prozent der 12- bis 17-Jährigen sind täglich drei Stunden mit dem Handy online. Das ist das Ergebnis einer Studie des Deutschen Zentrums für Suchtfragen des Kindes- und Jugendalters. Aber auch unter den Erwachsenen kann man im Alltag bemerken: Viele können sich einen Verzicht auf das Handy gar nicht mehr vorstellen. Sie werden nervös, wenn sie ihr Handy mal im Auto vergessen haben oder es gerade nicht finden. Es geht freilich nicht darum, ob ich ein Handy habe oder nicht, sondern nur darum, wie ich es benutze. Und viele erleben das Handy durchaus als eine Belastung. Sie sind immer und überall erreichbar. Da ist der zeitweilige Verzicht auf das Handy, auf die Erreichbarkeit, durchaus ein Luxus. Diesen Luxus sollten wir uns von Zeit zu Zeit gönnen. Ja, wir könnten uns ganz bewusst selbst Zeiten setzen, in denen wir auf das Handy verzichten.

Ich kenne Familien, die ausgemacht haben, dass um 20 Uhr alle Handys in die Aufladestation kommen. Ab 20 Uhr ist dann keiner in der Familie mehr auf dem Handy erreichbar. Das tut der Familie gut. Die Eltern können mit den Kindern spielen. Sie brauchen keine Angst zu haben, dass entweder sie oder die Kinder ständig durch Anrufe oder App-Nachrichten beim Spielen unterbrochen werden.

Angestellte einer Firma haben mir erzählt, dass man von ihnen erwartet, dass sie ständig erreichbar sind. Wenn die Firma dann international vernetzt ist, dann dehnt sich diese Erreichbarkeit oft auf Tag und Nacht aus. Denn in China beginnen sie zu einer anderen Zeit zu arbeiten als in den USA. So soll man rund um die Uhr erreichbar sein. Das ist gegen den Biorhythmus des Menschen, und es macht auf die Dauer auch krank. Daher ist es die Aufgabe einer Firma, für ihre Angestellten zu sorgen. Die Erreichbarkeit muss auch in diesem Fall aufgeteilt werden auf verschiedene Personen, sodass man sich einige Wochen vor nächtlichen Anrufen sicher fühlt.

Was die frühe Kirche mit Askese gemeint hat, nämlich die Einübung in ein gutes Leben, indem ich auf manches verzichte, das könnte heute neue Formen annehmen: eben ein zeitweiliges Verzichten auf die Erreichbarkeit – und ein Verzichten darauf, dass ich immer gleich antworten muss. Es gibt Menschen, die ihr Handy oder Smartphone mit ins Bett nehmen, aus Angst, sie könnten etwas versäumen. Doch damit versäumen sie das Wesentliche: die Ruhe in der Nacht, den gesunden Schlaf und die innere Freiheit, die wir für die Gestaltung unseres Lebens bitter nötig haben. Es muss auch in Ihrem Alltag Zeiten geben, in denen niemand zu Ihnen durchkommen kann, weil Sie bei sich selbst angekommen sind und nun auch ganz bei sich bleiben können.

Ritual // *Handyfasten – ganz konkret*

Wenn man sich ein Handyfasten auferlegen will, dann sollte man das an ganz konkrete Zeiten binden. Es wäre z. B. ein gutes Ritual, vor dem gemeinsamen Abendessen die Handys in der Familie in die Aufladestation zu tun. Dann ist das Abendessen störungsfrei, und die Familie kann sich einander zuwenden. Wenn das für manche noch zu früh ist, dann kann man zumindest für die Zeit des Abendessens die Handys auf stumm schalten und sie nach dem Essen wieder einschalten. Aber irgendwann sollte dann die Familie nicht mehr erreichbar sein. Wann das realistisch ist, ist der Klugheit überlassen. Und es ist gut, das Ritual anderen Menschen, den Freunden, aber auch der Firma mitzuteilen. Das schafft auch klarere Beziehungen zu den Menschen, mit denen wir zu tun haben. Viele trauen sich nicht. Aber wenn sie ihr Ritual kommunizieren, werden sie bei den meisten Verständnis ernten. Und vielleicht inspiriert ihr Ritual auch andere, darüber nachzudenken, welche Handy-Rituale für sie gut wären.

Freiheit durch Verzicht –
auf die Übung kommt es an

━━━

Unser Alltag ist umgeben von Werbung, von der permanenten Aufforderung, sich etwas zu „leisten", zu konsumieren, zu kaufen. Die Fastenzeit ist eine Zeit des Verzichtens. Viele Menschen verbinden damit freilich etwas Negatives. Sie empfinden es wie ein Verbot, während man doch viel lieber etwas genießen würde. Doch wenn ich nicht wie „auf Befehl" verzichte, sondern aus meiner eigenen Entscheidung heraus, dann erfahre ich: Es kann meine innere Freiheit verstärken. Das gilt nicht nur für die Fastenzeit. Jeder Tag kann eine bewusste Gelegenheit sein, sich in diese Freiheit des Verzichtens einzuüben – und daraus Kraft zu schöpfen.

Das Wort „Verzicht" kommt ursprünglich aus der Rechtssprache. Es hängt mit dem alten Wort „verzeihen" zusammen: Ich nehme etwas nicht in Anspruch, was mir zusteht. Ich verzichte darauf. „Zeihen" bedeutet ursprünglich: jemanden beschuldigen. Im Verzeihen verzichte ich darauf, jemanden anzuklagen. Daraus hat sich dann die Bedeutung entwickelt: Ich verzichte auf einen Anspruch, ich versage mir etwas.

Sigmund Freud, der Begründer der Psychoanalyse, konstatiert einmal: Wer nicht verzichten kann, wird nie ein starkes Ich entwickeln. Freud schreibt vor allem über die Bedürfnisse des Menschen. Schon das Kind strebt danach, seine eigenen Bedürfnisse zu befriedigen oder sie von den Eltern befriedigen zu lassen. Wenn die Grundbedürfnisse nach Liebe und Zuwendung, nach Geborgenheit und Sicherheit, nach Nahrung und Versorgung einem Menschen in der Kindheit nicht genügend befriedigt werden, dann tut er sich später als Erwachsener schwer, mit ihren Bedürfnissen gut umzugehen. Er hat immer den Eindruck, zu kurz zu kommen, und daher muss er jedes Bedürfnis sofort erfüllen. Doch das ist ein Zeichen von Unreife. Zur Reifung des Menschen gehört es, dass er sich in Freiheit entscheiden kann, sich bestimmte Bedürfnisse zu erfüllen und auf bestimmte Bedürfnisse zu verzichten.

Die Griechen sprachen weniger von Verzicht als von Askese. Askese meint Übung oder Training. Training meint die Vorbereitung auf einen Wettkampf. In der Askese bereiten wir uns vor, um den Wettkampf des Lebens zu bestehen. Wir erziehen uns (das englische Wort „train" bedeutet: „ziehen", „erziehen"), damit unser Leben gelingt. Die Askese ist dabei durchaus auch von Lust geprägt. Ich habe Lust darauf, auf etwas zu verzichten. Das gibt mir ein Gefühl von Befriedigung. Ich habe es geschafft, auf die Erfüllung des Bedürfnisses zu verzichten. Es ist wie ein Sport. Wenn ich nicht jedes Hungergefühl sofort befriedigen muss, dann fühle ich mich frei. Viele ärgern sich, dass sie nicht abnehmen. Aber sie stehen wie unter einem Zwang, jedes Hungergefühl sofort durch Essen zu stillen. Wenn ich durch die Stadt gehe und ein schönes

Kleid oder eine schöne Uhr sehe, dann ist es ein Zeichen von Freiheit, das Schöne anzuschauen und zu bestaunen. Aber ich kann weitergehen, ohne es zu kaufen. Wer unter einem Kaufzwang steht, der ärgert sich, dass er immer zu viel Geld ausgibt und doch nie ganz zufrieden ist. Wenn ich mit diesem Gefühl der Freiheit an den schönen Dingen vorübergehen kann, ohne sie gleich kaufen zu müssen, dann fühle ich mich frei. Und ich fühle mich gut. Ich spüre: Ich lebe selber, anstatt gelebt zu werden.

Natürlich kann jede Haltung übertrieben werden. Es gibt Menschen, die sich schwertun, sich etwas zu gönnen. Sie können zwar verzichten – aber ihr Verzichten wird zum Zwang. Sie verwechseln Verzichten mit Lebensverneinung. Das wird sichtbar etwa in der Magersucht. Diese Menschen können verzichten. Aber sie haben Angst, etwas zu genießen. Denn dann könnte es ja sein, dass ich nicht mehr aufhöre zu genießen. Sie kennen das richtige Maß nicht. Sie sind maßlos im Verzichten. Es braucht also immer beide Pole: verzichten und genießen, sich etwas gönnen und sich etwas versagen. Nur wenn wir mit diesen beiden Polen in aller Freiheit umgehen können, fühlen wir uns wahrhaft frei. Dann erfahren wir uns als reife Menschen, die selbst entscheiden können, wann sie verzichten und wann sie sich etwas gönnen.

Ritual // *Eine Vorstellung kann zur Übung werden*

Stell dir etwas vor, was du gerne isst. Du isst zum Beispiel gerne Eis. In der Vorstellung gehst du an einem italienischen Eisstand vorbei und siehst die große Auswahl. Du nimmst dir aber nur eine Kugel. Wie würdest du diese eine Kugel genießen? Denkst du dann bei deiner Kugel ständig an die anderen Eissorten, oder kannst du dich ganz auf deine Kugel konzentrieren und sie schmecken? Oder du stellst dir vor, du gehst am Eisstand vorbei, ohne etwas zu kaufen. Welches Gefühl hast du dann? Bedauerst du, dass du dir das Eis nicht gekauft hast? Oder bist du dankbar, dass du es geschafft hast, am Eisstand vorüberzugehen? Vielleicht denkst du: Das ist gut für mein Gewicht. Stell dir vor, du gehst ganz ruhig weiter und spürst eine innere Freiheit: Ich bin frei, mir etwas zu kaufen oder auch darauf zu verzichten. Und ich bin stolz darauf, dass ich mir diese Freiheit bewiesen habe.

Meditiere – und schöpfe neue Kraft aus dem Gebet

=====

Wir Mönche meditieren täglich. Die Zeit nach dem Frühchor ist der Meditation vorbehalten. Die Meditation führt mich zur inneren Ruhe. Ich meditiere jeden Tag mit dem Jesusgebet: Beim Einatmen lasse ich mit den Worten „Herr Jesus Christus" Jesu Liebe in mein Herz strömen. Und beim Ausatmen stelle ich mir vor, wie bei den Worten „Sohn Gottes, erbarme dich meiner" die Liebe Jesu tief in meinen Leib und meine Seele eindringt. Ich kann die Liebe Jesu in diesen Worten in meine Emotionen strömen lassen, in meinen Ärger, in meine Angst, in meine Traurigkeit. Wenn ich das eine Zeit lang mache, dann verwandeln sich meine Emotionen. Mitten in meinem Ärger werde ich ruhig und in meiner Traurigkeit spüre ich eine Liebe, die die Traurigkeit nicht auflöst, aber ihr einen anderen Geschmack gibt. Ich kämpfe dann nicht gegen meine Traurigkeit, sondern nehme sie an und spüre mich in ihr von Gott geliebt.

Eine andere Methode, mit dem Jesusgebet zu meditieren, geht so, dass ich die Emotionen und Gedanken nicht beachte. Auch wenn der Kopf immer voller Gedanken ist, so beachte ich sie nicht. Ich lasse sie wie Wolken weiterziehen. Ich nehme die Worte des Jesusgebetes als Führer in den inneren Raum der Stille auf dem Grund meiner Seele. Die Worte und der Atem führen mich in diesen Raum der inneren Stille, die ein Raum der Liebe ist. In diesem inneren Raum werde ich selber still, und ich fühle mich frei und zugleich geborgen, daheim. In diesem inneren Raum komme ich auch in Berührung mit der inneren Quelle, mit der Quelle des Heiligen Geistes. Diese Quelle des Heiligen Geistes ist immer in mir, auch wenn ich sie nicht spüre. Ich bin oft genug nur von ihr abgeschnitten. Diese Quelle ist für mich zugleich die Quelle der göttlichen Liebe, einer Liebe, die nie versiegt. Ich muss mich dann nicht zur Liebe zwingen. Sie strömt einfach in mir. Und ich spüre, dass es mir gut tut, wenn die Liebe meinen Leib durchdringt und dann auch zu den Menschen strömt. Liebe ist dann keine Anstrengung, die ich meinen negativen Einstellungen den Menschen gegenüber abringen muss. Vielmehr strömt dann die Liebe wie von selbst zu den Menschen. Ich kenne aber auch Menschen, die täglich meditieren und die ihre Meditation wie eine Art Leistung sehen. Sie sind stolz, dass sie täglich eine halbe Stunde meditieren. Aber zugleich stellen sie sich mit ihrer Meditation über die anderen Menschen. Und sie haben den Eindruck, dass sie etwas leisten vor Gott. Doch auf diese Weise führt uns die Meditation nicht zur inneren Kraftquelle. Im Gegenteil: Sie kostet uns Kraft und Disziplin. Denn wir sind ständig im Kampf, ob wir die Meditation wirklich auch durchhalten. Die Gefahr besteht, dass uns das nicht zur Demut führt, sondern zum Hochmut. Und damit wird der Sinn jeder Meditation verfälscht. Wer richtig meditiert, der fühlt sich mit allen Menschen eins. Er stellt sich nicht über sie, sondern fühlt alles, was er bei anderen wahrnimmt, auch in sich selbst und hält es in Gottes Liebe hinein.

Nicht für jeden ist die Meditation der angemessene Ort, an dem er Gott begegnet. Für viele ist es einfach das Gebet. Der Unterschied zwischen Gebet und Meditation besteht darin: Die Meditation ist eine sehr geformte Methode, durch Atem und Worte in die Stille zu gelangen. Beten ist einfach dies: Gott begegnen, mit Gott sprechen, aber einfach auch sich ungeschützt Gott aussetzen mit allen Gedanken und Gefühlen. Wir halten im Gebet unsere Emotionen und Gedanken, unsere Probleme und Konflikte Gott hin und vertrauen darauf, dass Gottes Liebe in alle Gedanken und Konflikte hineinströmt und sie verwandelt. Diese Art von Gebet ist auch eine Kraftquelle. Wir spüren, dass wir nicht alles selbst erledigen müssen, sondern dass Gottes Gnade uns umgibt und durchdringt. Und Gottes Gnade kann all das, wogegen wir oft vergebens kämpfen, verwandeln in einen Segen. Die Gnade Gottes will all unsere Wunden, aber auch unsere Fehler und Schwächen durchströmen und sie verwandeln. Wenn wir so beten, dann wird das Gebet für uns zu einer Kraftquelle. Wir geben die Flucht vor uns selbst auf und kommen vor Gott zur Ruhe. Und in dieser Ruhe vor Gott spüren wir in uns eine Quelle von Energie, die uns antreibt, unser Leben im Geist Gottes zu gestalten und das zu tun, was dem Geist Gottes entspricht.

Ritual // *Setz dich in eine Kirche und versuche, darin still zu werden*

Dass Beten ausstrahlt, kannst du erfahren, wenn du dich in eine Kirche setzt und versuchst, darin still zu werden. Stell dir vor: In dieser Kirche wird seit vielen Jahren gebetet. Hier wurde gebetet in Zeiten, in denen die Kirche die Gesellschaft prägte. Hier wurde gebetet, als der Nationalsozialismus die Kirche verfolgte. Und hier wird heute gebetet, in einer Welt, in der wir Christen an vielen Orten bedrängt werden. Stell dir vor, dass das Gebet in dieser Kirche nicht ohne Wirkung bleibt. Die Kirche als Ort des Gebetes steht in dieser Stadt, in diesem Dorf, in dieser Landschaft. Sie ist ein Zeichen der Hoffnung, dass das Gebet der vielen Christen etwas in Bewegung bringt in dieser Welt. Stell dir vor, dass von hier eine gute Energie ausgeht in diese Welt hinein, dass da ein Beben entsteht, dass die Macht des Bösen erschüttert wird, dass die ungerechten Strukturen aufgebrochen werden. Und dann versuche, selbst zu beten, dich diesem Gebetsstrom vieler Menschen vor dir anzuschließen und für diese Welt zu beten. Du kannst mit persönlichen Worten beten. Du kannst aber auch ganz langsam das Vaterunser beten. Dann fühlst du dich verbunden mit all den Menschen, die hier in dieser Kirche das Vaterunser gebetet und damit ihr Leben mit seinen Nöten bewältigt haben. Vertraue darauf, dass dein Gebet nicht ohne Wirkung bleibt. Auch wenn du meinst, dass du angesichts der unheilvollen Verhältnisse in dieser Welt nichts ausrichten kannst: Vertraue darauf, dass etwas in Bewegung gerät. Allein wenn du nach dem Gebet verwandelt nach draußen gehst, wird von dir eine andere, heilsamere Ausstrahlung ausgehen. Und irgendwie wird diese Ausstrahlung Wellen schlagen und weitergehen.

Belebe die Erinnerungen –
und sie beleben dich

Auch im Alltag braucht es, wenn er nicht zu betriebsam werden soll, Haltepunkte, Anker im Fluss, der immer nur vorwärtstreibt. Innehalten und sich erinnern tut gut. Denn um erfüllt leben zu können, braucht es die Erinnerung. Sie verbindet den jetzigen Augenblick mit unserer Lebensgeschichte. Die Erinnerung bringt uns in Berührung mit den Wurzeln, aus denen wir leben. Wir brauchen diese Wurzeln, um den heutigen Augenblick gut leben zu können.

Wurzellosigkeit macht Menschen krank. Der Schweizer Psychiater Daniel Hell meint, die Erfahrung der Wurzellosigkeit sei einer der Gründe für die heute immer häufiger auftretende Depression. Die Erinnerung verwurzelt uns, sie schließt uns an die Erfahrungen an, die wir in unserem Leben gemacht haben. Natürlich kann Erinnerung auch eine Flucht vor der Realität werden, wenn wir nostalgisch nur in einer verklärten Vergangenheit leben und uns der Gegenwart verweigern. Aber die gute Erinnerung ist eine Quelle, aus der wir nicht nur leben können und die den jetzigen Augenblick bereichert, sondern die auch Erfahrungen und Einsichten liefert für die aktuell notwendige Gestaltung der Gegenwart, sodass auch die Zukunft gut werden kann. Nicht nur für das Miteinander, sondern auch für die eigene Lebensgestaltung und Sinndeutung gilt: Je älter wir werden, desto wichtiger sind diese guten Erinnerungen. Sie sind eine Bedingung dafür, dass wir mit Zuversicht in die Zukunft gehen können. Der Psychologe und spirituelle Autor Henri Nouwen ist davon überzeugt, dass unsere Hoffnung auf Erinnerungen aufgebaut ist: „Ohne Erinnerung gibt es keine Erwartungen. Wir machen uns nicht immer bewusst, dass zu den besten Dingen, die wir einander zu geben haben, gute Erinnerungen gehören."

Der Dichter Jean Paul hat gesagt: „Die Erinnerung ist das einzige Paradies, aus welchem wir nicht vertrieben werden können." Damit ist keine Schönfärberei des Vergangenen gemeint, sondern die Einsicht: Wer im Buch seiner Erinnerung liest, der kann gut allein sein. Und er kann es auch in Situationen aushalten, die gerade nicht so angenehm sind. Er kann Schwierigkeiten durchstehen. Denn er bekommt durch seine Erinnerung Anteil an der Kraft und der Lebensweisheit, mit der er bisher sein Leben bewältigt hat. Und er erinnert sich zugleich der Hilfe, die er von Gott oder von anderen Menschen erfahren hat. Er kann Halt in dem Wissen finden, dass sich im Rückblick vieles gut gefügt hat. Er kann in der Erinnerung erkennen, dass Gott ihn gut durch das Leben geführt hat.

Henri Nouwen sieht die Erinnerung auch als einen inneren Schatz, den wir in uns tragen: „Je älter wir werden, an desto mehr erinnern wir uns, und irgendwann bemerken wir, dass das meiste, wenn nicht alles von dem, was wir haben, Erinnerung ist." Aber für Nouwen ist es entscheidend, wie wir uns erinnern. Manche erinnern sich, indem sie sich auf Problematisches fixieren oder sich mit Schuldgefühlen zerfleischen. Andere erinnern sich nur an die Verletzungen und an die ungenützten Chancen. Solche Erinnerungen drücken uns nieder. Es gibt aber auch heilsame Erinnerungen, die die Verletzungen zu heilen vermögen. Von ihnen schreibt der Philosoph Max Scheler: „Sich erinnern ist der Anfang der Freiheit von der heimlichen Macht der erinnerten Sache oder des erinnerten Ereignisses." Indem wir uns erinnern, gewinnen wir eine neue Haltung zu dem, was war. Wir lassen uns nicht bestimmen von der Vergangenheit, sondern verwandeln sie zu einer Quelle von Lebendigkeit und Freiheit.

Ritual // *Eine besondere Lektüre:* *das Buch deines eigenen Lebens*

Nimm dir Zeit, im Buch deines Lebens zu lesen. Setz dich bequem hin und versuche, dich an die eigene Kindheit zu erinnern. Welche Situationen fallen dir dabei ein? Was sagen sie über dich aus? Du kannst auch Bilder aus den verschiedenen Abschnitten deines Lebens zu Hilfe nehmen. Schau dir deine Kinderbilder an. Was entdeckst du da in deinem Gesicht, in deinen Augen? Was hat das Kind bewegt, was hat es begeistert? Dann geh weiter in die Pubertät, in die Jugend. Wie hast du dich als junger Erwachsener gefühlt? Welche einschneidenden Erlebnisse haben dich in der Jugend oder als jungen Erwachsenen geprägt? Und lies auch weiter in dem Buch der letzten Jahre. Schließlich frage dich: Wer bin ich? Was macht mich aus? Was ist die einmalige Person, die sich in den verschiedenen Etappen des Lebens durchgehalten hat? Was wollte mir Gott sagen in meinem Leben? Was möchte ich mit meinem Leben anderen Menschen vermitteln? Und dann versuche, Gott zu danken für dein Leben. Schau mit der Brille der Dankbarkeit in alle Etappen deines Lebens hinein. Dann wird dir das Geheimnis deines Lebens immer mehr aufgehen. Und du hast das Gespür, in einem spannenden Buch zu lesen. Dein Leben ist ein Buch, das du nie ganz zu Ende lesen kannst, weil du immer wieder Neues in ihm entdecken wirst.

Lass dir erzählen, wie das Leben ist – und hör alten Menschen zu

═════

Ohne Resonanz können wir nicht gut leben. „Wenn einer in den Himmel hinaufstiege und die Natur der Welt und die Schönheit der Gestirne erschaute, so wäre doch der wundersame Anblick ohne Reiz für ihn; er wäre aber höchst erfreulich, wenn er nur einen hätte, dem er davon erzählen könnte." Was der römische Schriftsteller Cicero festgestellt hat, gilt auch in unserem Alltag: Wir schöpfen Kraft, wenn wir aufeinander hören und unser Herz für andere aufschließen. Sich mitteilen zu können und wahrzunehmen, dass man gehört wird, dass das Eigene Resonanz erfährt bei anderen, das gehört auch zu den positiven und stärkenden Momenten, ja zu den Glücksmomenten.

Wir können solche Erfahrungen – für uns und für andere – immer wieder möglich machen. Eine ganz konkrete Möglichkeit ist es zum Beispiel, alte Menschen zu einem Erzählabend einzuladen. Wenn wir das tun, tun wir zugleich ihnen und uns selbst etwas Gutes. Die Idee ist leicht umzusetzen: Wir bitten ein paar alte Menschen einfach, uns von ihrem Leben zu erzählen. Was wir dann erfahren werden, ist ebenso elementar wie wichtig: Jedes Schicksal hat seine Würde. Wir fragen in einem solchen Gespräch vielleicht manchmal nach, wie sie sich da oder dort gefühlt haben, wie es ihnen in einer bestimmten Situation innerlich ergangen ist. Sie spüren unser Interesse und fühlen sich wertgeschätzt. Wenn wir interessiert zuhören und nachfragen, dann haben wir teil an ihrer Lebenserfahrung. Und wir spüren dabei eben, wie jedes Schicksal seine eigene Würde hat. Wir lernen nicht nur die Vergangenheit dieser Menschen kennen, sondern schauen dann letztlich auch mit neuen Augen auf unsere eigene Geschichte. Ihre Lebensgeschichte wird für uns zu einem Spiegel, in dem wir uns selbst wiedererkennen und uns selber besser kennenlernen. Indem wir darüber nachdenken, wie sie ihr Leben mit all den Schwierigkeiten gemeistert haben und wie wir wohl solche Situationen bewältigt hätten, ist das Leben alter Menschen für uns eine Herausforderung, das eigene Leben gut zu leben.

Und noch etwas ist dabei zu erfahren: wie wichtig, die Versöhnung mit der eigenen Lebensgeschichte ist. Meine eigene Mutter hat lange den Frauenbund in unserer Pfarrei geleitet. Jeden Montag kamen die älteren Frauen am Nachmittag zusammen und tranken Kaffee miteinander. Immer jeweils eine der Frauen hatte dazu einen Kuchen gebacken. Ich war als junger Priester einmal dabei. Die alten Frauen erzählten aus ihrem Leben, von all dem, was sie mitgemacht hatten. Ich staunte über die Ehrlichkeit, mit der sie das taten. Sie hatten es nicht mehr nötig, mit ihrem Leben anzugeben. Sie erzählten es einfach mit allen Höhen und Tiefen, mit allem Gelingen und Misslingen. Und die Zuhörerinnen bewerteten das Erzählte nicht. Sie hörten mit offenem Herzen und mit innerer Anteilnahme zu. Das war für alle eine Art Therapiestunde, aus der sie am Ende gestärkt und oft genug auch innerlich befreit herausgegangen sind. Das Erzählen hat sie versöhnt mit ihrer Lebensgeschichte. Und es hat auch allen, die zuhörten, gut getan und sie tiefer miteinander verbunden.

Diese Erfahrung ist übrigens auch etwas, was Kindern gut tut. Kindergärten laden manchmal alte Menschen ein, eine Erzählstunde zu halten. Dadurch erfahren die Kinder nicht nur Spaß und Freude in der Gruppe mit den anderen. Sie bauen auch Beziehungen zur Welt auf, indem sie im Kontakt zu älteren Menschen von deren Kindheit und deren Leben erfahren. Und es tut nicht zuletzt auch den alten Menschen gut, wenn die Kinder auf sie hören, Interesse zeigen und ihre Fragen stellen. Es vermindert bei manchen das möglicherweise erlebte Gefühl von Einsamkeit und Isolation. Und den Kindern tut es gut, dass sie konkret sehen, wie jemand sein Leben trotz aller Bedrängnisse gut gemeistert hat. Denn das gibt ihnen, die noch so viel Lebenszeit vor sich haben, Hoffnung, dass auch sie das eigene Leben schaffen. Das Entscheidende ist auch hier wieder: Alte Menschen haben die Fähigkeit, einfach zu erzählen, ohne ständig moralische Appelle an die Zuhörer zu richten. Aber gerade durch ihr absichtsloses Erzählen berühren sie die Herzen der Kinder und ermutigen sie, ihr eigenes Leben in die Hand zu nehmen.

Ritual // *Eine herbstliche Erfahrung*

Alten Menschen zuzuhören, ihren absichtslosen Erzählungen über das Leben zu lauschen gleicht der Erfahrung, die wir in der Natur im Herbst machen können. Setzen Sie sich an einen herbstlichen Baum und beobachten Sie die bunt gefärbten Blätter. Die herbstlichen Farben sind milde Farben. So werden Sie eingeladen, mit einem milden Blick auf sich zu schauen. Es sind aber auch bunte Farben. Nehmen Sie die bunten Farben als Spiegel, um die Buntheit Ihrer eigenen Person und Ihres Lebens zu erkennen. Und dann beobachten Sie, wie die Blätter sich im Wind hin und her wiegen und wie manche langsam auf den Boden fallen. Auch das ist ein Symbol für Sie selbst. Was sollte ich loslassen? Was sollte zu Boden fallen, damit etwas Neues in mir wachsen kann? Und spüren Sie in diesem Fallen ein Symbol für das eigene Leben. Sie können laut ein paarmal die letzten Verse aus dem Herbstgedicht von Rainer Maria Rilke vor sich hinsagen:

> *Wir alle fallen. Diese Hand da fällt. / Und sieh dir*
> *andre an: es ist in allen. / Und doch ist Einer, welcher*
> *dieses Fallen / unendlich sanft in seinen Händen hält.*

Diese Verse werden Sie mit einer tiefen inneren Ruhe erfüllen und Sie Geborgenheit spüren lassen, mitten im Loslassen Ihrer Vergangenheit.

Nach der Arbeit kommt die Ruhe – beschließen und vollenden

———

Zeit sollten wir uns bewusst gönnen, bevor wir unsere Arbeit anfangen – aber auch, wenn wir sie beenden. Nur mit der richtigen Haltung kommen wir in die Ruhe und in das richtige Verhältnis zu dem, was wir getan haben.

Viele beschließen ihre Arbeit nicht richtig. Sie hetzen tagsüber von einer Arbeit zur anderen. Und sie schließen die Tür der Arbeit nicht, wenn sie heimkommen. Doch dann geht auch die Tür des Zuhauses nicht auf. Manche sagen: „Ich komme einfach nicht zur Ruhe. Ich kann nicht abschalten. Wenn ich vom Büro heimkomme, kreisen meine Gedanken immer noch um die Arbeit. Ich fange dann daheim an, alles Mögliche zu erledigen. Aber ich komme einfach nicht zu mir.“

Manche haben sich daher am Ende eines Arbeitstags im Büro angewöhnt, sich noch drei Minuten hinzusetzen, um all das, was bei der Arbeit war, auszuatmen und im Ausatmen loszulassen. Sie tun so gezielt und bewusst etwas gegen die innere Unruhe.

Für viele ist es schwer, gedanklich nicht an der Arbeit zu haften. Sie sollten dazu aber unbedingt vom Kopf wegkommen. Wenn Sie sich nur immer wieder vorsagen: Ich will nicht mehr an die Arbeit denken, hilft das nicht weiter. Ihre

Gedanken werden doch wieder zu den Problemen zurückkommen, die Sie gerade umtreiben. Es ist in dieser Situation gut, vom Kopf in den Leib zu kommen und eine Gebärde zu machen. Stellen Sie sich, wenn Sie in Ihrer Wohnung sind, vor das Kreuz oder vor ein religiöses Bild und halten Sie Ihre Hände in Form einer Schale vor sich hin. Dann halten Sie Ihre unruhigen Gedanken, Ihre Sorgen, Ihre Überlegungen, Ihr Grübeln Gott hin. Sagen Sie ihm: „Ich bin ohnmächtig gegen all diese Gedanken. Ich halte sie dir hin. Verwandle du sie." Wichtig ist bei dieser Gebärde, dass Sie nicht gegen die Gedanken kämpfen. Sonst werden sie nur stärker. Die Gedanken, die Unruhe, das Hin und Her im Kopf – all das darf sein. Aber Sie halten es Gott hin. So bekommt es eine andere Richtung. Das Durcheinander im Kopf bündelt sich. Sie binden sich mit Ihrer Unruhe an Gott. Dann kommen Sie langsam zur Ruhe. Sie hören auf, gegen sich zu kämpfen, und können Ja sagen zu sich mit Ihrer inneren Zerrissenheit. Schon das wird Sie ruhiger machen. Manche nutzen die Zeit der Rückkehr von der Arbeit nach Hause, die Zeit im Bus oder im Zug, um in dem Buch zu lesen, das sie für ihre Fahrten eingesteckt haben. In der Lektüre tauchen sie in eine andere Welt ein, in eine Welt, die ihnen gut tut und die die Welt der Arbeit, aus der sie kommen, zurückdrängt oder in ein anderes Licht taucht. Beim Lesen spüren sie sich selbst. Sie kommen mit ihrem Herzen in Berührung. So sind sie wieder bei sich, wenn sie daheim ankommen.

Ich kenne auch Menschen, die bewusst zu Fuß von der Arbeit nach Hause gehen, selbst wenn das eine halbe Stunde dauert. Im Gehen können sie sich befreien, im wörtlichen Sinn „freigehen" von dem, was sie belastet und tagsüber bedrückt hat. Sie stellen sich vor, was sie zu Hause erwartet. Und sie stellen sich auf die Familie ein, auf die Kinder mit dem, was sie gerade bewegt, auf den Ehepartner, auf die alten Eltern.

Es ist unsere Aufgabe, die Arbeit bewusst abzuschließen. Erst wenn ich mich von dem Tun der Alltagsarbeit gelöst habe, kann ich mich ganz dem widmen, was mich daheim erwartet. Dass die Vollendung der Arbeit letztlich auch ein spirituelles Tun ist, zeigt uns ein Blick in die Bibel. Die sagt uns nämlich etwas Wichtiges über das Beenden der Arbeit. Von Gott heißt es im Schöpfungsbericht: „Am siebten Tag vollendete Gott das Werk, das er geschaffen hatte, und er ruhte am siebten Tag" (Gen 2,2). Das Werk wird erst vollendet, wenn Gott ruht. Das Ruhen gehört zur Vollendung der Arbeit. Die Septuaginta (die griechische Übersetzung des Alten Testaments) gebraucht hier ein eigenartiges Wort für das „Vollenden": „syntelein". Es meint: Die Arbeit wurde erst ganz, als Gott sie durch das Ausruhen vollendete. Aber beim Vollenden steht noch ein „syn", das „mit" bedeutet. Man könnte sagen: Damit die Arbeit noch in Beziehung zu mir bleibt, damit sie noch meine Arbeit bleibt, braucht es die Ruhe, in der ich dankbar auf das zurückschaue, was ich geschaffen habe.

Wenn dieses Vollenden durch die Ruhe fehlt, entgleitet mir gleichsam die Arbeit. Sie gehört nicht mehr mir. Sie ist nicht mehr mein Werk, das ich Gott gegenüber dankbar anschauen kann. Zu diesem Ausruhen gehört der Blick Gottes: „Gott sah alles an, was er gemacht hatte: Es war sehr gut" (Gen 1,31). Die Septuaginta verwendet hier das Wort „kalos": Gott sah, dass alles sehr schön war. Schön wird es für mich erst, wenn ich es in aller Ruhe anschaue. Das zeigt uns auch die deutsche Sprache, die „schön" einmal mit „schauen", zum anderen aber auch mit „schonen" verbindet. Meine Arbeit wird vollendet, wenn ich sie liebevoll anschaue und die Schönheit entdecke, die entstanden ist, und wenn ich das Werk schone, es einfach sein lasse. Das „syn", die Beziehung zu meinem Werk, ist kein Besitz, sondern drückt die Gemeinschaft aus zwischen mir und meinem Werk. Wir gehören zusammen. Aber es ist kein Besitz, mit dem ich angeben kann. So lehrt uns die Bibel, dass die Vollendung der Arbeit letztlich ein spirituelles Tun ist. Wenn wir uns so verhalten, tut die Arbeit uns gut. Und wir fühlen uns nicht wie im Hamsterrad, das sich immer weiterdreht. Die Ruhe vollendet die Arbeit und macht sie zu meiner Arbeit. Ich spüre dankbar mich und das Werk, das durch meine Hände entstanden ist.

Ritual // Die Schwelle ganz bewusst überschreiten

Es ist gut, am Ende der Arbeit die Tür zu schließen, damit sich die Tür des Zuhauses auch auftun und ein neuer Raum betreten werden kann. Wer die Tür der Arbeit nicht schließt, der steht gleichsam immer im Durchzug. Doch das tut der Seele nicht gut.

Spätestens wenn wir die Klinke der Haustüre drücken, sollen wir uns vorstellen, dass die Arbeit draußen bleibt und dass wir nun einen neuen Raum betreten, den Raum des Zuhauses. Früher hat man ein eigenes Schwellenritual vollzogen, wenn man von der Arbeit heimkam. Man hat Weihwasser genommen von dem Weihwasserbecken, das an der Haustür angebracht war. Man hat sich gleichsam von den Trübungen gereinigt, die durch die Konflikte oder das Gerede während der Arbeit in uns entstanden sind. Und man hat das Gefühl gehabt: All das Trübe lasse ich draußen. Ich genieße mein Zuhause und betrete mein Haus mit einem klaren und innerlich gereinigten Herzen.

Schenk einem anderen Menschen Zeit – das macht dich selber reicher

====

Einem anderen eine Freude zu machen macht selber froh. Wer schenkt, wird selber beschenkt. Nicht nur an Weihnachten überlegen viele Menschen, was sie einem anderen schenken sollen. Es gibt viele Gelegenheiten, nicht nur an Weihnachten oder zum Geburtstag, sondern mitten im Alltag. Wäre es nicht ein schönes Geschenk, dem anderen einfach Zeit zu schenken: einem Einsamen, dem Partner, den Kindern? Zeit, die man schenkt, ohne auf die Uhr zu schauen: Zeit, die wirklich zählt.

„Die Stunden, die wirklich zählen, sind nicht die, die gezählt werden", sagt der Zeitforscher Karlheinz Geißler. In diesem Sinn etwa einfach mit meiner Familie Zeit zu verbringen – das kann ich auch kultivieren. Ich nehme mir bewusst Zeit, mit meiner Frau, mit meinen Kindern zu sprechen, kündige das aber nicht groß an. Es soll wie selbstverständlich sein, dass ich einfach die Kinder frage, wie es ihnen wirklich geht. Wenn ich mir erzählen lasse, was sie gerade beschäftigt, zeige ich, dass ich mich für sie interessiere. Oder wenn ich meinen Sohn oder meine Tochter zu einem längeren Spaziergang einlade, ergeben sich beim Gehen oft gute Gespräche, auch wenn es sonst Schwierigkeiten gab. Beim Propheten

Amos heißt es: „Können denn zwei miteinander gehen, ohne unterwegs einig zu werden?" (vgl. Am 3,3). Das Schönste: Wenn ich dem anderen Zeit schenke, dann werde ich erleben, wie es auch mir gut tut, die Zeit nicht einfach zu verplanen. Wenn ich einfach Zeit „verschwende" für die Menschen, die mir am Herzen liegen, dann schaue ich nicht auf die Uhr. Wenn ich mir Zeit lasse – für das Gespräch, für das Miteinander-Spielen, für die Wanderung –, werde ich am Abend dankbar sein, dass ich nicht nur dem anderen nähergekommen bin, sondern auch mir selbst. Wir verzwecken dann die Zeit nicht wie für eine Arbeit, von der wir denken, dass sie unbedingt notwendig ist. Wir lassen uns Zeit füreinander, und wenn wir uns so aufeinander einlassen, lassen wir uns immer auch auf uns selbst ein.

Wir können einander mitten im Alltag zum Segen werden, wenn wir einander Zeit schenken. Lukas erzählt uns die wunderbare Geschichte der Begegnung von Maria und Elisabet: Maria hat den Mut, aufzubrechen, das Vertraute hinter sich zu lassen und sich auf den Weg zu machen. Sie geht über das Gebirge: ein Bild für den Berg von Vorurteilen und Hemmungen, die uns oft vom Besuch abhalten. Wir denken, der andere hat keine Zeit. Vielleicht ist es ihm unangenehm, wenn wir ihn besuchen. Doch Maria geht über all diese Vorurteile und Hindernisse hinweg. Und als sie in das Haus des Zacharias eintritt und Elisabet begrüßt, da hüpft das Kind in Elisabet auf. Die Jüngere wird zum Segen der Älteren. Durch Maria kommt Elisabet in Berührung mit ihrer eigenen Lebendigkeit. Und die Ältere segnet die Jüngere. Das ist ein schönes Bild, wie wir füreinander zum Segen werden, wenn wir wie Maria den Mut haben, aufzubrechen und einen einsamen Menschen zu besuchen.

Wie und wozu könnte uns diese Geschichte inspirieren? Eine Idee, die an keine Jahreszeit gebunden ist: Wir können uns überlegen, wen wir selber besuchen könnten. Vielleicht fällt uns ein alter Freund ein, mit dem wir lange keinen Kontakt mehr hatten. Oder wir denken an einen einsamen Menschen in unserer Gemeinde. Oft haben wir Hemmungen, so einen einsamen Menschen zu besuchen. Wir denken: Vielleicht ist es ihm unangenehm? Vielleicht geniert er sich für seine Wohnung, die nicht aufgeräumt ist? Heute ist es sicher sinnvoll, nicht einfach an der Tür zu klingeln, sondern sich vorher telefonisch anzumelden. Natürlich kann es auch sein, dass der andere nicht möchte. Aber dann haben wir es zumindest probiert. Aber wahrscheinlich freut sich der einsame Mensch, dass jemand an ihn denkt. Wir sollten aus dem Besuch nichts Besonderes machen, sondern einfach sagen: „Ich möchte Sie gerne besuchen und mit Ihnen sprechen." Vielleicht reagiert der andere verwundert. Aber wir spüren schon beim Telefonieren, ob er sich im Tiefsten doch darauf freut. Wenn wir ihn dann besuchen, wird es sicher für beide Teile eine geschenkte Zeit sein. Ich werde vielleicht Lebensgeschichten erfahren, mich von dem berühren lassen, was der andere erzählt. Und im Licht dessen, was er erfahren hat, werde ich einen anderen Blick auf mich selbst und auf mein Leben bekommen. So werde ich beschenkt wieder nach Hause gehen.

Ritual // *Lass dir Zeit und schenk sie weiter*

Beginne das Ritual damit, dass du dir selber Zeit schenkst. Du setzt dich einfach hin und schenkst dir die Zeit, einfach dazusitzen, vielleicht zu lesen oder einfach nur zu schauen, was dich gerade bewegt. Es ist eine zweckfreie Zeit. Es muss nichts herauskommen. Du bist einfach nur da. Wenn du dir selbst Zeit schenkst, kannst du dir besser vorstellen, wie es wäre, wenn du jetzt dem oder jener Zeit schenkst. Überlege, wer dir einfällt, dem es gut täte, ihm oder ihr Zeit zu schenken. Und dann überlege, wie du es machen möchtest. Am besten rufst du gleich bei diesem Menschen an, oder du setzt dir zumindest einen festen Termin, an dem du ihn anrufst. Dann rufst du ihn an, dass du ihn gerne besuchen würdest. Und du fragst, ob es ihm recht wäre. Selbst wenn der andere Hemmungen hat und sich nicht traut, dein Besuchsangebot anzunehmen, wirst du zumindest mit dir selbst zufrieden sein. Du hast deine Hemmungen überwunden und Kontakt mit einem Menschen aufgenommen.

Spiel mit einem Kind –
tauch ein in seine Welt

═════

Viele Väter kommen abends müde oder erschöpft nach Hause. Da warten oft ihre Kinder schon auf sie und wollen mit ihnen spielen. Die Erfahrungen, von denen diese Väter erzählen, sind immer positiv. Sie fühlen sich nachher sogar erfrischter, als wenn sie eine halbe Stunde für sich genommen und geschlafen oder gedöst hätten. Kinder geben sich lustvoll dem Spielen hin. Sie können sich von Herzen freuen und ihrer Freude hüpfend mit ihrem ganzen Körper Ausdruck verleihen. Und diese Lebensfreude springt über.

Typisch ist, was ein Vater mir sagte: Manchmal habe ich den Eindruck: Ich will jetzt nur meine Ruhe haben. Ich bin so müde und abgespannt. Aber wenn ich mich dann auf das Spiel mit meinen Kindern einlasse, dann ist das keine Anstrengung für mich, sondern wird für mich zur Erholung. Es kommt immer auf die innere Haltung an, mit der ich mit meinen Kindern spiele. Wenn ich es nur als Pflicht ansehen würde, die ich erfüllen muss, um mein schlechtes Gewissen gegenüber den Kindern zu beruhigen, dann würde es für mich wohl eher zu einer Last werden. Doch wenn ich mir vorstelle: Nach der Arbeit, in der ich ständig gefordert bin, tut es mir gut, mich auf die Kinder einzulassen, ich tauche in eine andere Welt ein, in die spielerische und von Zwecken freie Welt der Kinder, dann ist das für mich eine wunderbare Erholung. Ich komme dann mit dem inneren Kind in mir in Berührung. Und dieses innere Kind in mir ist immer eine Quelle von Inspiration und Kreativität, von Freiheit und Leichtigkeit.

Warum tut Spielen gut? Was kann so erfrischend sein beim Spielen mit den Kindern? Zum einen stecken einen die Kinder an mit ihren immer neuen Ideen. Das Kindliche tut uns gut, vor allem dann, wenn wir in der Arbeit rein rational denken und argumentieren mussten. Und im Spielen kann ich mich selbst und meine Sorgen vergessen. Ich lasse mich auf das Spiel ein und komme so mit dem Spielerischen und Leichten in mir in Berührung. Das tut mir gut. Das macht mich innerlich leichter und lockerer. Und oft genug ist viel Freude beim Spielen dabei. Ich spüre in mir eine ursprüngliche Freude. Und ich komme mit dem Kind in mir in Berührung. Das Kind in mir ist eine innere Erneuerung und Erfrischung. Es schenkt mir die Leichtigkeit des Seins. Wenn ich mein Leben leichter nehmen kann, geht es mir auch mit meiner Arbeit besser. Vielleicht kann ich dann etwas von dem Spielerischen mit in die Arbeit bringen. Mit einer solchen Haltung verliert sich manches Verkrampfte in meinem Tun, und ich nehme den Druck heraus, den ich mir oft genug selber setze.

Ein Kind bringt uns also in Berührung mit dem Kind in uns. Wir spüren das Unverbrauchte und Unverfälschte im Kind. Es ist noch nicht angepasst an unsere Erwartungen. Es lebt aus sich heraus, auch wenn es angewiesen ist auf unsere Zuwendung und Liebe. Wenn ich im Urlaub daheim bei meinen Geschwistern war, habe ich immer gerne ihre kleinen Kinder in den Arm genommen. Und vielen geht es so wie mir. Sie sind fasziniert von dem kleinen Kind, das einfach in sich ruht, das dankbar jedes Lächeln erwidert. Indem ich das Kind in meine Arme nehme, komme ich in Berührung mit dem Kind in mir. Ich fühle auf einmal die Zärtlichkeit, die in mir ist, das Leichte und das Freie des Kindes. Und ich bestaune dieses einmalige und einzigartige Kind, das keinem anderen völlig gleicht, das schon mit einem Jahr seine eigene Personalität ausstrahlt.

Ritual // *Entdecke das Kind, das in dir selber ist*

Setz dich bequem hin und schließ die Augen. Dann versuche dich daran zu erinnern, wie und was du als Kind gespielt hast. Wo konntest du stundenlang spielen, ohne zu ermüden? Wo warst du mit Begeisterung und Hingabe dabei? Bleibe nicht einfach bei der Erinnerung stehen, sondern frage dich: Was hat mich da eigentlich so fasziniert? Was bedeutet dieses Spiel, in dem offensichtlich mein Herz aufgegangen ist, für mich heute? Welche Bedeutung steckt darin für mein heutiges Tun? Nimm dein Spielen als Bild für das, was deine Seele damals darstellen wollte. Vielleicht kannst du es als inneres

Bild mit dir tragen bei allem, was du heute tust. Wenn du dir z. B. in deinem Spiel eine eigene Welt aufgebaut hast, dann überlege, dass du bei allem, was du heute tust, ob als Vater oder Mutter in der Familie, ob in diesem oder jenem Beruf, immer eine eigene Welt um dich herum aufbaust. Oder wenn du gerne mit der Eisenbahn gespielt hast, überlege, was du heute bewegen möchtest, wo du heute die verschiedenen Gleise deines Lebens miteinander verbinden könntest. Wenn du mit Puppen gespielt hast, dann überlege, was du da dargestellt hast und wie du heute in der Begegnung mit den Menschen die Welt schaffen könntest, die du damals im Spiel vor Augen hattest. Versuche in allem, was du damals gespielt hast, ein Bild zu sehen für das, was du jetzt tust. Wenn du mit den Bildern in Berührung kommst, die dir dein früheres Spielen aufzeigen möchte, dann wirst du in dir vielleicht einen neuen Energieschub spüren. Du spürst: Ja, das bin ich. Das ist meine persönliche Weise, zu leben, zu arbeiten, etwas in dieser Welt zu bewegen. Du wirst in dir eine Quelle von Freude und Kraft spüren, aus der du schöpfen kannst für deine Arbeit und für dein Leben.

Fernsehen geht auch anders – ein neuer Blick auf unsere Welt

——

Für viele gehört Fernsehschauen zum Alltag. Bei der Altersgruppe der über 50-Jährigen in Deutschland etwa beträgt die tägliche Fernsehzeit mehr als fünf Stunden (318 Minuten). Über dieses Medium nehmen viele Menschen die Welt wahr, vielleicht ist es sogar etwas, was ihren Tag strukturiert. Bei mir ist das anders: Fernsehen gehört nicht zu meinem täglichen Ritual. Nur im Urlaub schaue ich mir öfter einmal die Nachrichten der Tagesschau an. Da spüre ich dann allerdings, dass es einen Unterschied ausmacht, ob ich in der Zeitung von einer Äußerung eines Politikers oder von einem Unglück lese, das irgendwo geschehen ist, oder ob ich die Menschen auch sehe.

Wenn ich Menschen im Fernsehen sprechen höre, schaue ich sie mir genau an, mache mir klar, welche Ausstrahlung sie haben. Ich höre nicht nur die Worte, sondern ich spüre auch den Menschen, der da sichtbar ist, und bekomme ein Gespür dafür, ob ich ihm vertrauen kann oder nicht. Und wenn ich die Bilder von einem Unglück oder von kriegerischen Auseinandersetzungen anschaue, dann wirken sie emotional auf mich. Ich kann mich der Not der leidgeprüften Menschen nicht entziehen. Ich kenne allerdings auch Menschen, die sich von all dem Unheil, das ihnen im Fernsehen entgegenkommt, so sehr niederdrücken lassen, dass sie es kaum mehr aushalten können, sich die Not der Menschen weiter anzuschauen. Daher ist es für mich auch wichtig, spirituell fernzusehen. Doch was bedeutet das?

Spirituell heißt für mich, im Geiste Jesu auf das zu schauen, was ich sehe. Der Geist Jesu ist ein Geist der Barmherzigkeit, der nicht bewertet. Daher versuche ich, die Menschen nicht zu bewerten, sondern einfach wahrzunehmen. Der Geist der Barmherzigkeit ist auch von Mitleid und Mitgefühl geprägt. Ich fühle mich also in die Menschen ein, die unter den Kriegswirren leiden oder von einer Katastrophe heimgesucht worden sind. Aber dieses Mitleiden darf mich nicht so niederdrücken, dass ich selbst nicht mehr gut leben kann. Daher braucht das Mitleid immer auch das Gebet für die Menschen. Im Gebet vertraue ich die Menschen in ihrer Not Gott an. Das ist kein Alibi für meinen mangelnden Einsatz. Aber ich kann mich nicht für jeden Menschen persönlich einsetzen, dessen Leid mir im Fernsehen begegnet.

Das Gebet verwandelt meine Ohnmacht, nicht selbst helfen zu können, in das Vertrauen, dass diese Menschen nicht alleingelassen sind, dass Gott ihr Schreien hört. Und das Gebet stärkt die Hoffnung, dass diese Welt trotz aller Ungerechtigkeit und aller Bosheit in Gottes Hand ist und nicht aus dieser Hand Gottes fallen kann. So kann das Fernsehen eine Einladung werden, für all die Menschen zu beten, deren Bilder mich berühren. Ich vertraue sie Gottes Segen an und hoffe darauf, dass Gott das Leid für diese Menschen in Segen verwandeln wird. Dann kann ich nach dem Fernsehen mich selbst und all die Menschen, von deren Leid ich erfahren habe, dem Segen und Schutz Gottes anvertrauen und mich unter dem Segen Gottes mit allen verbunden fühlen, ohne dass ich davon nach unten gezogen werde.

Ritual // *Die Tagesschau – einmal anders*

Mach aus dem Anschauen der Tagesschau ein Ritual. Wenn ein Politiker erscheint und etwas sagt, verzichte darauf, ihn zu bewerten, für oder gegen ihn zu sein, sondern bete für ihn: „Herr, segne ihn, schenke ihm Weisheit, damit seine Entscheidungen zum Segen für die Menschen werden." Wenn dir Katastrophen, Kriege und Terrorakte vor Augen geführt werden, dann bete für die Menschen: „Herr, halte deine schützende Hand über diese Menschen. Schenke ihnen den Engel der Hoffnung, der niemals aufgibt." So antworte auf jede Nachricht mit einem Gebet. Und wenn zum Schluss der Wetterbericht kommt, dann bete für die Menschen, dass sie sich gut auf dieses Wetter einlassen können, dass sie den morgigen Tag mit Freude und Zuversicht beginnen.

Weil es so belebend ist –
lass dich auf Tiere ein

———

Tiere zeigen uns eine unverstellte Freude am Dasein. Vielleicht ist das der Grund, warum der buddhistische Meister Suzuki Roshi oft sagte: Man sollte sich vor Hunden und Katzen eigentlich verneigen: nicht nur als Akt der Hochachtung und Ausdruck des Mitempfindens, sondern auch, weil man von diesen Tieren etwas lernen kann, was uns selber gut tut: Sie zeigen und lehren uns Freude am Dasein.

Nicht umsonst haben in der Corona-Krise Menschen in Deutschland vermehrt Haustiere aus Tierheimen angefragt. Das Berliner Tierheim bekam in dieser Zeit an einem einzigen Wochenende 500 Mailanfragen, so konnte man lesen. Tiere wurden als Gefährten der Einsamkeit gesucht, als Begleiter in einer schwierigen Zeit. Tiere sind Verwandte der Schöpfung, Mitkreaturen, beseelt – und daher empfängliche Bezugspunkte unserer Zuneigung in unserem Alltag.

Reine Daseinsfreude mitzuerleben ist eine Lebenshilfe. Kommunikation mit Tieren bereichert unseren Alltag, und die Erfahrung von Gemeinschaft mit diesen so unmittelbar vitalen Lebewesen, die die Tiere sind, kann nicht nur Überraschung in unser eigenes Leben bringen, sondern auch, je nach Situation, Freude, Trost und Halt sein. Unsere Klosterschule z. B. ermöglicht den Schülern Voltigieren auf dem Pferd als

Sportfach. Das ist vor allem bei Mädchen sehr beliebt. Doch unsere Reitlehrerinnen bieten auch behinderten Kindern therapeutisches Reiten an. Da erfahren sie immer wieder, wie gut es den Kindern tut, sich auf ein Pferd zu setzen, in Berührung zu kommen mit diesem Tier. Meine eigene Nichte ist behindert. Immer wenn sie mal für ein Wochenende mit ihrer Mutter, meiner jüngsten Schwester, kommen kann, um mit dem Pferd zu üben, ist sie wie verwandelt. Auch von vielen anderen Menschen höre ich immer wieder, wie wichtig das Pferd für sie ist, um sich lebendig zu fühlen. Es ist für sie wie ein Therapeut.

Andere Menschen halten sich einen Hund. Das ist gerade für alleinstehende Menschen oft wichtig: Der Hund wartet auf sie. Er spürt ihre Stimmung. Und er zwingt sie, mit ihm nach draußen zu gehen. So kann er gerade für depressive Menschen zur Herausforderung werden, trotz der Antriebslosigkeit, die die Depression oft mit sich bringt, aufzustehen und einen Spaziergang zu machen. Eine Frau, die an vielen Krankheiten leidet, darunter Diabetes, erzählte mir, wie dankbar sie für ihren kleinen Hund ist: Er ist nicht nur ein treuer Begleiter, der auch während der Arbeit bei ihr ist. Er spiegelt ihr sogar wider, wenn sie Unterzucker hat. So ist er für sie eine Kraftquelle, aber auch ein Trost in ihrer Krankheit. Ohne ihn hätte sie schon manchmal aufgegeben. Doch dieses Tier ermutigt sie, trotz ihrer chronischen Schmerzen weiter zu arbeiten und so für viele Menschen zum Segen zu werden. Heute werden auch in Altenheimen Hunde eingesetzt, die die alten Menschen besuchen und sich von ihnen streicheln lassen. Das tut den Menschen gut. Sie fühlen sich nicht mehr allein und isoliert. Der Hund erkennt sie und begrüßt sie. Sie fühlen sich von einem Lebewesen angenommen. Andere halten sich eine Katze, weil die unbändige Lebendigkeit der Katze ihnen gut tut. Für andere bringen Kanarienvögel Leben und Fröhlichkeit in die Wohnung. So hat jeder seine Vorliebe. Haustiere zu halten ist ein uralter Brauch. Offensichtlich haben die Menschen schon immer gespürt, dass das Miteinander von Mensch und Tier für beide gut ist. Beide können sich ergänzen und füreinander zu einer Kraftquelle werden. Tiere verstellen sich nicht, sie drücken klar aus, was sie wollen und was sie nicht wollen. Und sie spüren die Stimmung der Menschen. Es gibt eine Art von Resonanz zwischen Tier und Mensch, von der viele Erfahrungen erzählen. So erzählt eine Frau im mittleren Alter: „Der Mann hat mich verlassen, die Kinder sind aus dem Haus. Seitdem ist die Katze meine verlässlichste Freundin. Sie merkt, wenn's mir schlecht geht, kommt angeschnurrt, schleicht um mich herum und schmust auf meinem Schoß, und dann schnurrt sie die Sorgen weg." Viele Untersuchungen zeigen: Tiere öffnen, machen weich, haben einen siebten Sinn für die Bedürfnisse „ihrer" Menschen. Therapien mit behinderten Kindern zeigen, wie behutsam Pferde, Hunde, Katzen reagieren – und wie sie in den Kindern wiederum etwas ansprechen, was sie öffnet und weicher macht. Das Gleiche zeigt sich bei Besuchen in Altersheimen: Ist ein Hund dabei, ist die Stimmung auf einmal lebendig. Tiere beleben und wecken Fähigkeiten, die längst verloren geglaubt waren.

Ritual // *Sprich mit einem vertrauten Tier*

Nimm dir Zeit, mit deinem Hund oder mit deiner Katze einmal 20 Minuten zu sprechen. Erzähl ihm alles, was dir gerade in den Sinn kommt. Erzähl ihm von dem, was dir gut getan hat, von freudigen Erlebnissen, für die du dankbar bist. Aber erzähl ihm auch, was dich traurig macht. Schau dabei den Hund oder die Katze an, nimmt Blickkontakt auf. Und beobachte, wie der Hund oder die Katze reagiert, ob sie auf deine freudigen Erzählungen anders reagieren als auf deine Nöte, deine Ängste, deine Schmerzen. Wenn du fertig bist mit dem Erzählen, dann nimm den Hund oder die Katze auf den Schoß oder streichle sie. Dann siehst du auch, wie sie reagiert, ob er oder sie vielleicht etwas verstanden hat von dem, was du erzählt hast. Vielleicht wird der nonverbale Kontakt dann verwandelt sein.

Musik konzentriert hören –
ganz im Klang geborgen

═══

Für mich ist es eine Quelle der Kraft, wenn ich es mir abends gönne, mich auf mein Bett zu legen und per Kopfhörer Musik zu hören. Ich wähle dann gerade die Musik aus, die mir spontan einfällt, die meinem momentanen Gefühl entspricht. Ich lasse diese Musik tief in mich eindringen. So bin ich ganz in der Musik, bzw. die Musik ist in mir. Sie durchdringt dann meinen Leib und meine Seele. Ich höre sie nicht nur, sie erklingt in mir. Sie erfüllt mich ganz und gar. Es gibt keine Trennung mehr zwischen der Musik und meiner Seele. Sie werden eins miteinander. Das ist für mich eine tiefe spirituelle Erfahrung. Wenn ich mich ganz in die Musik hineinfallen lasse, bringt mich das nicht nur zur Ruhe. Ich habe auch den Eindruck, dass die Musik mich so an innere Quellen meiner Seele heranführt, dass sie die inneren Quellen zum Sprudeln bringt.

Es stimmt für mich, was der Philosoph Martin Heidegger einmal über das Hören sagt: Hören führt in die Geborgenheit. Beim Hören fühle ich mich geborgen und getragen. Ich fühle die Verbindung mit dem Komponisten, mit den Musikern, mit den Sängern. Ich habe teil an ihrer Erfahrung, an ihrer Sehnsucht, an ihrer Liebe, die sie im Singen zum Ausdruck bringen. Denn jede Musik drückt letztlich etwas vom Geheimnis der Liebe aus. Musik ist hörbar gewordene Liebe. Das gilt vor allem für die Musik von Wolfgang Amadeus Mozart. Auch in den weltlichen Opern klingt in den Liebesarien etwas vom Geheimnis der Liebe überhaupt auf. Es ist letztlich die göttliche Liebe, die uns in der menschlichen Liebe berührt.

Wenn ich Bach-Kantaten oder Mozart-Messen höre, dann spüre ich, wie jeder Sänger die Musik nicht einfach nur wiedergibt, sondern mit seiner persönlichen Stimme singt. Und in seiner Stimme und in der Art, wie er singt, wird seine Erfahrung der Worte hörbar. Ich habe dann teil an dem, was die Worte und die Musik im Herzen des Sängers ausgelöst haben. Da kann mein Herz zur Ruhe kommen. Der Philosoph Hans-Georg Gadamer meint, beim Hören gehe es immer um ein Verstehen und um ein inneres Mitgehen. Wenn ich Musik höre, gehe ich mit ihr. Die Musik stiftet Gemeinsamkeit zwischen mir und den Musizierenden. Ich habe teil an ihrer Erfahrung. Ich werde bereichert durch ihre Erfahrung mit der Musik. Und das schenkt neue Kraft, mitten im Alltag.

Ritual // Hören – und der Seele Flügel verleihen

Gönnen Sie sich einmal in der Woche eine halbe Stunde Zeit, in der Sie Musik hören wollen. Dann überlegen Sie sich: Welche Musik möchte ich heute hören? Horchen Sie in sich hinein: Auf welche Musik hat meine Seele jetzt gerade Lust? Welche Musik täte ihr heute gut? Und dann wählen Sie diese Musik aus. Suchen Sie sich den geeigneten Ort, an dem Sie diese Musik hören. Sie können sich bequem in einen Sessel setzen und den ganzen Raum mit der Musik ausfüllen. Oder Sie können sich einen Kopfhörer aufsetzen und sich dann bequem hinsetzen oder hinlegen. Gut ist es, wenn Sie sich ganz dem Hören überlassen, wenn Sie alle Störungen ausschalten – z. B. Telefonanrufe usw. – und sich einfach die Zeit nehmen, jetzt nur zu hören. Lassen Sie alle inneren Bewertungen los, ob das Orchester gut spielt oder die Sänger gut singen. Lassen Sie einfach die Musik in sich eindringen und spüren Sie, was die Musik mit Ihrer Seele macht. Beflügelt die Musik Ihre Seele? Macht sie sie weit? Gibt sie Ihrer Seele einen anderen Geschmack? Und bringt die Musik Sie mit Ihrer Sehnsucht in Berührung, letztlich mit der Sehnsucht nach Glück, nach Liebe, nach Geborgenheit, nach Heimat, nach Gott?

Dankbar sein – eine Haltung,
die den Blick verwandelt

Der österreichische Benediktiner David Steindl-Rast hat die Dankbarkeit in das Zentrum seiner Spiritualität gerückt. „Dankbarkeit", so sagt er, „verbindet, was zerrissen ist: Sie heilt die Beziehung zu anderen, die Beziehung zwischen Ich und Selbst und die Beziehung zum Göttlichen, zu der letzten Wirklichkeit." Und er fügt hinzu, was das für unser Befinden bedeutet: „Ich bin nicht dankbar, weil ich glücklich bin, sondern ich bin glücklich, weil ich dankbar bin."

Zur Dankbarkeit muss man sich nicht zwingen. Es braucht nur eine neue Sichtweise auf das, was uns begegnet. Dankbarkeit ist auch nicht nur für außerordentliche oder besondere Anlässe da. Wir können täglich für vieles danken: für die eigene Gesundheit, für die Familie, für Freunde, für unsere Arbeit, für gute Begegnungen und Gespräche, für freundliche Blicke, die uns gelten, für die Schönheit der Natur.

Dankbarkeit bedeutet nicht nur einverstanden sein mit meinem Leben, im Einklang sein mit dem, der ich geworden bin. Es heißt auch: einverstanden sein mit dem Tag, so wie er war. Einen tiefen inneren Frieden zu spüren, zu erkennen: Es ist alles gut, so wie es ist. Aber auch wenn der Tag einmal nicht so gut gelaufen ist, ist Dankbarkeit wichtig. Albert Schweitzer meint, wir sollten gerade dann, wenn es uns nicht gut geht, etwas suchen, wofür wir dankbar sein können. Wir werden sicher etwas finden. Das Danken verwandelt unsere negativen Gefühle in ein zufriedenes Gestimmtsein.

Ein guter Weg, durch die Dankbarkeit die Stimmung des eigenen Lebens zu verwandeln, wäre es, ein Dankbarkeitstagebuch zu führen. Ich könnte jeden Abend kurz innehalten und in ein Tagebuch zu schreiben, wofür ich heute dankbar sein darf. Vielleicht werde ich dann entdecken, dass ich nicht nur für schöne Augenblicke dankbar bin, sondern auch für schmerzliche Erlebnisse, die mich aus der Oberflächlichkeit des Alltags herausgerissen haben. Wenn ich mir schon am Morgen vornehme, dankbar zu sein für alles, was mir an diesem Tag begegnet, werde ich bewusster leben und am Abend bereits spürbar glücklicher sein. Und wenn ich dann am Abend mit der Brille der Dankbarkeit auf den vergangenen Tag blicke, werden mir viele Dinge einfallen, die es wert sind, erinnert zu werden. Der Blick der Dankbarkeit wird den Tag in ein neues Licht tauchen. Und er wird mir selbst gut tun. Ich werde den Tag nicht als Last erleben, sondern als Quelle von Freude und Zufriedenheit. Die Dankbarkeit befreit mich am Abend vom Gefühl von Vergeblichkeit und Leere, das mich sonst vielleicht niederziehen würde. Sie erfüllt mich mit neuer Kraft. Ich lasse mich dankbar in Gottes gute Hände fallen und vertraue darauf, dass ich am nächsten Tag mit neuer Kraft wieder aufstehen darf.

Ritual // *Jeden Abend etwas Zeit für einen Rückblick nutzen*

Übe einmal für ein paar Wochen das Ritual, dass du jeden Abend ein Tagebuch führst, in dem du alles aufschreibst, wofür du heute dankbar bist. Wenn dir das Tagebuchschreiben nicht liegt, dann halte am Abend deine Hände Gott hin und in den Händen den vergangenen Tag. Und schau voller Dankbarkeit, was Gott heute in deine Hände gelegt hat: eine inspirierende Begegnung, den freundlichen Blick der Kassiererin im Supermarkt, das schöne Wetter, die Arbeit, die dir gelungen ist. Und halte dankbar all die Menschen hin, für die du danken möchtest: deine Familie, deine Freunde, die Menschen, die zu dir halten, die Menschen, die dich mögen. Und danke für deine Gesundheit. Immerhin hast du diesen Tag gut zu Ende gebracht. Sowohl beim Schreiben als auch beim Hinhalten wird dich die Dankbarkeit mit einem guten Gefühl erfüllen.

Beschließe deinen Tag bewusst – und schlafe gut!

In Gesprächen höre ich oft, dass die Leute nicht zufrieden sind mit ihrem Tagesabschluss. Manche bleiben vor dem Fernseher sitzen, bis sie einschlafen. Dann wachen sie irgendwann auf, auf dem Sofa liegend, und gehen ins Bett. Ihr Schlaf wird unterbrochen. Andere erledigen am Abend viele kleine Dinge. Sie gehen dann zu spät ins Bett und sind doch nicht zufrieden, dass sie etwas Sinnvolles geschafft haben. Andere gehen ins Bett, aber dann fangen sie an zu grübeln und gehen alles noch einmal kritisch durch, was sie gemacht haben: Hätte ich mich doch anders entschieden! Wäre ich doch im Gespräch mit dem Sohn, mit der Tochter verständnisvoller und achtsamer gewesen! Wäre ich doch bei der Arbeit konzentrierter gewesen, dann hätte ich den Fehler nicht gemacht!

Da wäre es gut, den Tag mit einem guten Ritual zu beschließen. Rituale schließen eine Tür und öffnen eine andere Tür. Das Abendritual möchte die Tür des Tages schließen, damit die Tür der Nacht aufgeht und ich gut schlafen kann. So ein gutes Abendritual wäre, die Hände in Form der Schale vor sich hinzuhalten. Ich halte den Tag Gott hin mit allem, was heute geschehen ist, was mir gerade einfällt. Aber ich bewerte das, was geschehen ist, nicht. Es ist vorbei. Ich kann es nicht mehr ändern. Ich halte es Gott hin und vertraue darauf, dass er das Vergangene in Segen verwandelt. Gott vermag das nicht optimal geführte Gespräch in Segen zu verwandeln. Er kann die nicht durchdachte Entscheidung in Segen verwandeln. Ich überlasse den Tag Gott und vertraue darauf, dass er alles in Segen verwandelt. Dann kann ich mich ruhig in Gottes gute Hände fallen lassen.

Es kann sein, dass mir dabei auf einmal einfällt, was ich morgen tun könnte, um etwas, was nicht so gut war, in Ordnung zu bringen. Aber dieser Gedanke beunruhigt mich nicht. Ich spüre vielmehr in aller Ruhe, dass ich morgen auf diesen Menschen zugehen werde. Dieser Gedanke wird mich aber nicht die ganze Nacht über beschäftigen. Ich gehe vielmehr in dem Vertrauen ins Bett, dass Gott dieses Gespräch segnen wird. Wenn ich morgen etwas unter dem Segen Gottes in Ordnung bringe, dann vertraue ich darauf, dass es gelingt und dass es nicht anstrengend ist. Dann regt sich beim Ritual nicht das schlechte Gewissen, sondern die eigene Kreativität, die Lust hat, morgen etwas anzupacken. Aber weil ich es morgen anpacke, brauche ich jetzt nicht darüber nachzudenken. Ich übergebe es Gottes Segen und lasse mich jetzt entspannt in Gottes gute Hände fallen, um mich darin auszuruhen und zu schlafen.

Ritual // *Ein Schluss, der einen neuen Anfang möglich macht*

Beim Beschließen des Tages kann ich mir vorstellen, es wäre der letzte Tag. Das heißt für mich: Ich beende diesen Tag, als ob er das Ende meines Lebens wäre. Ich lege alles in Gottes gute Hand, diesen Tag, mich selbst, alle Menschen, die mir lieb sind, und mein ganzes Leben. Ein solcher Abschluss des Tages ermöglicht mir gleichzeitig einen neuen Anfang. Und er gibt mir das Gespür, dass ich immer wieder alles loslassen soll, um mich in Gottes gute Hände zu geben. Die Nacht erinnert mich an den Schlaf des Todes. Und jeden Morgen erfahre ich die Auferstehung zu neuem Leben, das Gott mir ermöglicht.

Ausklang

Wir sind nun zahlreiche Möglichkeiten durchgegangen, wie Sie Ihr Leben verwandeln können, wie Sie selber Stress vermeiden und wie Sie auch aktiv gegensteuern können, wenn etwas Sie bedrängt und entmutigt. Keiner kann das alles auf einmal beherzigen. Das tue ich selbst auch nicht. Ich muss mich selbst manchmal dazu drängen, die eine oder andere Übung wieder konkret zu üben. Und ich erlebe bei mir selbst, wie ich manchmal lieber jammere, als etwas zu lösen, indem ich es in die Hand nehme. All die besprochenen Übungen und Rituale sind Einladungen, das Leben selbst in die Hand zu nehmen.

Das Sprichwort sagt: „Jeder ist seines Glückes Schmied." Der Schmied formt das Eisen so, wie er es gerne haben möchte. Aber es geht dem Schmied nicht nur um das Schlagen auf den Amboss. Er muss auch wissen, in welche Form er das Eisen bringen möchte. So braucht es beides: konkretes Tun, das unser Leben verwandelt, und eine neue Einstellung, die wir zum Leben gewinnen. Die vorgestellten Übungen und Rituale wollen unsere Haltung verwandeln. Sie wollen uns befreien von der Haltung der Ohnmacht, die manche ihrem Leben gegenüber spüren. Und sie wollen uns befreien von Illusionen, die wir uns über unser Leben gemacht haben, als ob andere Menschen uns beglücken sollten oder als ob Gott unser Glück garantieren sollte. Gott hat uns Hände gegeben, damit wir selbst unser Leben in die Hand nehmen. Er hat uns Fähigkeiten gegeben, damit wir mit ihnen unser Leben so gestalten, dass wir zufrieden werden mit uns und unserem Leben.

Dieses Buch setzt ein optimistisches Menschenbild voraus. Jeder Mensch hat einen guten Kern in sich. Und jedem hat Gott die Weisheit seiner Seele geschenkt. In der Tiefe unserer Seele wissen wir, was für uns gut ist. Doch oft sind wir von der Weisheit unserer Seele abgeschnitten, weil so viele Ratschläge und Theorien über das menschliche Leben uns verwirren. Das Ziel dieses Buches ist, dass Sie wieder mit der Weisheit Ihrer Seele in Berührung kommen. Ich möchte niemanden belehren und niemanden zu einem bestimmten Weg drängen. Ich möchte jeden nur ermutigen, seiner Seele zu trauen und das zu tun, was ihm auf Dauer gut tut. Die eine oder andere Übung kann am Anfang nicht so angenehm sein. Vielleicht muss ich mich dazu zwingen. Aber wenn ich mich dazu entschließe, kann gerade diese Übung mir Spaß machen. Und ich spüre, dass sie mich innerlich zufriedener und glücklicher macht.

Das Ziel des Übens möchte ich mit den Worten des hl. Benedikt beschreiben. Am Ende des längeren Vorworts zu seiner Regel sagt er, dass er eine Schule für den Dienst des Herrn einrichten möchte. Am Anfang kann einem manche Übung da etwas hart erscheinen. Und dann schreckt man zurück und denkt: Dazu habe ich keine Lust, oder: Das ist zu schwer für mich. Zu Beginn ist der Weg – so meint Benedikt – immer eng und hart. Doch wer auf dem Weg des Übens voranschreitet, „dem wird das Herz weit, und er läuft in unsagbarem Glück der Liebe den Weg der Gebote Gottes" (RB, Prolog 49). Das wünsche ich Ihnen, dass Ihr Herz weit wird durch das Lesen und das Üben und dass Sie das Glück der Liebe erfahren. Oder man könnte den lateinischen Ausdruck „inenarrabili dilectionis dulcedine" auch so übersetzen: Sie sollen Ihren Weg „in unaussprechlicher Süßigkeit der Liebe" gehen. Ihr Leben soll durch das Üben einen neuen Geschmack bekommen: den angenehmen und süßen Geschmack der Liebe. Und Ihr Herz soll weit werden, damit Sie in Freude und Freiheit Ihren Weg weitergehen können.